宇高国道フェリー　50 周年ステッカー

JN073676

呉・松山フェリー　ニューかめりあ　堀江港にて

― 8社の客船たちの活躍と終焉 ―

# 消えた航跡

## 5

# 小松健一郎

KENICHIRO KOMATSU

## はしがき

　５冊目の本を出す運びとなりました。４冊目を出してから若干の月日が経ちましたが、それでも７年足らずに５冊です。我ながら呆れています。１冊目が出来た時、これで何とか次ができると思いました。作り方の要領や分量の見当などが分かったからでした。２，３と続けるたびに調査をする、執筆することが生活の一部になっていきました。お蔭様で仕事もしていないのに退屈することがありません。

　今回のテーマは原点に戻って興味のある船や会社を取り上げました。今までの４冊と大きく違う点は、お２人の方に原稿を書いてもらったことです。高松市在住の林彦蔵氏には宇高国道フェリーを、明石市在住の村井正氏には客船オリエンタルクインを寄せていただきました。詳細に調べられた事実と多方面からの視点で本書を出版する意味がより大きくなったように思います。もう一つの相違点は、戦前から生きた船が今までのものより多い点です。戦前から戦後にかけて活躍した船ですが、私の収集した資料の範囲から戦後中心の話題にはなります。

　東洋郵船は、会社名に「船」が付いているにもかかわらず、船にはあまり力を入れていないように感じました。ホテルニュージャパン火災に焦点が集まり、テレビで幾度となく放映されています。当時大変

ショッキングな事件でした。船は通算3隻所有していて、どの船も有名船でした。「オリエンタルクイン」は1960年代、ちょうど東京オリンピック前後、当時としては日本で一番大きな客船でした。その船が太平洋戦争では、日本海軍と対峙した米海軍の仮装巡洋艦だったことは一部のマニアしか知られていません。また「興安丸」は戦前の関釜連絡船で、戦後は引揚船の代名詞となりました。「白山丸」は舞鶴港最後の引揚船で、戦後沖縄航路の代表的な船でした。

　内航客船会社から2社をテーマにしました。加藤汽船は中学生のころからの憧れの会社で、「ぐれいす」「はぴねす」には高松〜阪神間を何回か乗船しました。現在はその流れを組んだジャンボフェリーが引き継いでいます。また前作でフェリー会社は今後書かないと言っておきながら、加藤汽船の子会社であった宇高国道フェリーと呉・松山フェリーを付け加えました。両社の船ともよく利用させてもらいました。共正海運との出会いは高校生の時、偶然「乙女丸」を見かけ、それから意識する会社になりました。徳島阪神間のフェリーや高速船にもよく乗りました。現在、海運業はやめていますが、共正海運という名前で不動産業や倉庫業などを営まれています。

　最後に小さなクルーズ船たちとして3隻の客船を取り上げました。消えた航跡4のテーマの一つであった広別汽船の「阿蘇」から転身した「インランドシー」、九州商船の客船からの「アリババ1世」、それに神戸商船大の練習船から変身した「コーラルホワイト」です。3船

とも、山椒は小粒でもピリリと辛い存在でした。

　今回も会社、図書館、役所などの関係者、以前からお付き合いのある船キチの方々からたくさんのご援助、ご協力を頂きました。感謝に堪えません。
　この本が少しでも皆様のご興味をひき、記録として活用していただければ望外の幸せです。

# 目 次

凡例

1） 純客船、貨客船は、はっきり区別せず客船と表記したものが多い。

2） トン数は客船、貨客船が総トンで貨物船は載貨重量トンとした。不明なものは単にトンと表現した。また資料によって違いがあっても統一せずそのままにした。

3） 外国語は、カタカナ表記と英語をそのままにした場合とある。

4） 資料によって違いがあるものは（ ）で表記した。※のあと表記したものもある。

5） ダイヤは、会社発行の時刻表に基づいているが、中には他の資料や新聞記事、広告からのものもある。

6） 1999年（平成11年）から計量法の改正が行われメートル法を基準とするSI単位へ切り替えられ馬力（PS）がキロワット（KW）に変わる。本書が扱う船はそれ以前のものなのでそのまま馬力を使用。ちなみに1馬力(PS)＝0.7355(KW)である。

7） 写真は自分で撮ったものやコレクションを優先し、撮影者が分かっているものは氏名を掲載させてもらった。氏名がないものは、自身の撮影かコレクションである。

8） できるだけカラーの写真や印刷物を優先して掲載した。

9） 引用は字体を変え、中略なども明記し、一部表現を変える、現代仮名遣いにしたものもある。

10） 出典は可能な限り文中や引用物の下に表示した。章末には参考文献一覧を載せた。

11） 一作目「消えた航跡　20世紀を駆け抜けた38隻の船たちの軌跡を描く」（2018年９月刊）を「前書１」、二作目「消えた航跡２　昭和・平成を駆けた27隻の船たちと高知３造船所の記録」（2020年３月刊）を「前書２」、三作目「消えた航跡３　柳原良平さんとともに駆けた５隻の客船たち」（2020年11月刊）を「前書３」、四作目「消えた航跡　黎明期のフェリー 10社の盛衰」（2022年2月刊）を「前書４」とそれぞれ呼ぶことにする。

# 数奇な運命をたどった3客船
## −東洋郵船小史−

東洋郵船という会社は、資料も少なく調べても詳細な実態はつかめない。ホテル事業を中心に観光産業（ホテルやボーリング場など）や不動産業などをやっていた会社である。社名を挙げると、ホテルニュージャパン、船原ホテル、ホテルパシフィック茅ヶ崎、トーヨーボールなどがある。社名に“船”という字が付いているように客船を運航していた。本稿では、船会社としての東洋郵船を取り上げる。引き揚げ船で有名だった「興安丸」「白山丸」、そして 1960 年代前半では唯一といっていい大型客船「オリエンタルクイン」の 3 隻である。本稿では、会社の歴史と社長について簡単に記し、そののち 3 船の軌跡を述べることにする。

　社長は有名な横井英樹氏である。簡単に紹介すると、1913 年（大正 2 年）7 月 1 日愛知県中島郡の貧農の次男として生まれ、高等小学校を卒業後上京。日本橋の繊維問屋に丁稚奉公し 17 歳で独立し、横井商店を設立。1952 年（昭和 27 年）ごろから東京急行電鉄会長の五島慶太などのバックアップで白木屋デパートの株を買い占め、乗っ取りを企てる。このことにより名前が全国に知れ渡っていく。1958 年（昭和 33 年）6 月 21 日（11 日。安藤組の配下に拳銃で撃たれる。1982 年（昭和 57 年）、千代田区永田町 2 丁目のホテルニュージャパンの火災で死者 33 人、負傷者 34 人を出し逮捕される。逮捕から 95 日後の翌年 2 月 21 日、5 回目の保釈申請が認められ東京拘置所を出所。1998 年（平成 10 年）11 月 30 日、虚血性心疾患により死亡。享年 85 歳。

　東洋郵船の創業は 1957 年（昭和 32 年）で、「興安丸」を買い取る目的で創立したのである。本社は東京都中央区銀座 8 の 1 にあった。同年 7 月 1 日、東京郵船から岳父の経営する不動産管理会社日本産業へ 1 億 8,000 万円（2 億 5,000 万円　その他の説も）で「興安丸」を売り渡す契約が成立する。横井氏は、日本産業から用船という形で経営を

始める。当初は動くキャバレーか海上ホテルにする構想だったという。
が、採算などを考え断念、翌1958年（昭和33年）4月から東京湾遊
覧航海を実施する。1961年（昭和36年）日本海汽船の「白山丸」を
購入する。この頃、本社が移転したようである。3隻目の客船「オリ
エンタルクイン」を購入し、インドネシアからのメッカへの巡礼船と
なり、そのあと日本船籍になりクルーズ船として活躍する。

東洋郵船は他のグループ会社と同じように、
取締役はすべて横井氏の妻や子供で占められて
いたという。

1973年（昭和
48年）10月6日、
乗組員と退職金
問題などの話し
合いが成立し客

会社名、社長名の入った封筒

昭和46年4月30日 朝日新聞広告
村井正氏提供

船事業を閉鎖する。他の事業は引き続き行われた。結局、東洋郵船の
所有した客船は3隻であり、すべて中古船であった。当時、日本を代
表するような客船を持っていたにもかかわらず、業界では海運会社と
して認められていなかった節がある。

以後、東洋郵船に所属した順番に「興安丸」、「白山丸」そして「オ
リエンタルクイン」と紹介していく。


# 興安丸の一生

森下研氏が書かれた『興安丸 33年の航跡』という本が昭和62年に
発行されている。一隻の船の一生を追いかけた本は少ないが、その中
の貴重な一冊である。それを基に、他の資料を加えて書いたのが本稿
である。『興安丸 33年の航跡』の帯に次のように書かれている。

1936 年（昭和 11 年）10 月 2 日　関釜連絡船として進水

1937 年（昭和 12 年）1 月 31 日　釜山にむけて処女航海

1945 年（昭和 20 年）8 月 31 日　引揚船として韓国人帰国者を乗せて釜山へ

1947 年（昭和 22 年）12 月 2 日　山口県下巡幸中の天皇の宿泊所となる

1953 年（昭和 28 年）3 月　中国引揚再開第一船として舞鶴港に入港、以
　　後ソ連引揚げにも活躍する

1958 年（昭和 33 年）4 月　東洋郵船の遊覧船となるが、一転インドネシ
　　ア巡礼船として東南アジアの海へ

1970 年（昭和 45 年）11 月　広島県三原にて解体

　これが本船の大まかな船歴である。関釜連絡船として竣工、戦後は引揚船、米軍の連絡船、遊覧船、インドネシアの巡礼船と様々な運用をされ 35 年の生涯を生きた稀有な船である。また、引揚船を代表する船でもあった。

### 関釜連絡船時代

　下関と釜山を結ぶ鉄道省、関釜連絡として建造される。先輩格に同型船「金剛丸」がいるが、本船の総トン数や最高速力は若干小さい。起工は 1936 年（昭和 11 年）3 月 14 日で、進水は上記のとおり。

広島鉄道局作成　興安丸絵はがき

翌年 1 月 18 日、三菱重工長崎造船所で竣工する。

　要目は次のとおりである。

総トン数 7,079.76 トン　全長 134.10 m　幅 17.46 m　深さ 10.00 m

主機　蒸気タービン 2 基 2 軸　17,645 馬力　最高速力 23.110 ノット

旅客定員　1 等 46 名　2 等寝台 80 名　雑居室 236 名　3 等寝台 200 名

雑居室 1,184 名　計 1,746 名

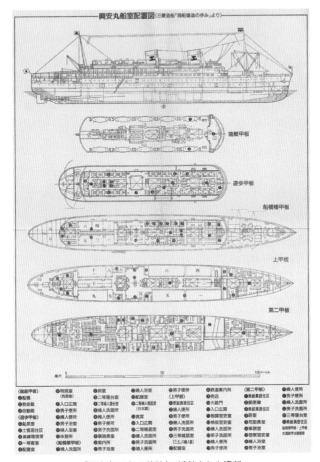

興安丸船室配置図（三菱造船「商船建造の歩み」より）

端艇甲板

遊歩甲板

船橋楼甲板

上甲板

第二甲板

尺度 0　　　　　　　　50　　　　　　　　100メートル

| 〔端艇甲板〕 | ❷特別室 | ❸病室 | ⑩婦人浴室 | ⑫男子便所 | ❶鉄道案内所 | 〔第二甲板〕 | ⑫婦人便所 |
|---|---|---|---|---|---|---|---|
| ❶船橋 | （貴賓室） | ❷二等寝台室 | ⑪配膳室 | 〔上甲板〕 | ❷売店 | ❶旅組員居住区 | ⑬男子便所 |
| ❷救命艇 | ❸入口広間 | ❸二等婦人喫煙室 | ⑫二等婦人喫煙室 | ❶栗面員居住区 | ❸大船門 | ❷郵便局 | ⑭婦人洗面所 |
| ❸自動艇 | ❹男子便所 | 〔日本間〕 | | ❷入口広間 | ❹入口広間 | ❸栗退員居住区 | ⑮男子洗面所 |
| 〔遊歩甲板〕 | ❺婦人便所 | ❹婦人洗面所 | ⑬食堂 | ❸男子便所 | ❺税関室宮室 | ❹寝室 | ⑯三等環台室 |
| ❶船長室 | ❻婦人浴室 | ❺男子便所 | ⑭入口広間 | ❹男子洗面所 | ❻検疫官室宮室 | ❺同居長室 | ⑰乗組員居住区 |
| ❷士官居住区 | ❼婦人便所 | ❻男子洗面所 | ⑮二等雑居室 | ❺二等婦居室 | ❼婦人洗面所 | ❻事務室 | 船組員整理と2甲板 |
| ❸無線電信室 | ❽休憩所 | ❼婦人洗面所 | ⑯華賓長室 | ❻三等雑居室 | ❽男子洗面所 | ❼管事室室室 | の連絡昇降は段階室 |
| ❹一等宮室 | 〔船橋楼甲板〕 | ❽案内所 | ⑰男子洗面所 | （三七八婦人室） | ❾婦人浴室 | ❽婦人浴室 | |
| ❺舵取室 | ❶婦人洗面所 | ❾婦人浴室 | ⑱婦人便所 | | ❿男子浴室 | ❾男子浴室 | |

「興安丸33年の軌跡」に添付された資料

　関釜航路について少し触れる。下関〜釜山航路は民間により運航さ
れていたが、1905年（明治38年）1月釜山〜京城間の鉄道が開設さ
れると同年9月関釜連絡船として「壱岐丸」（1,680総トン）が就航し、
同型船の「対馬丸」（1,679総トン）が続いた。2隻は昼夜便で運航し
ていたが、夜間便の利用が多い傾向から、寝台を多用した設計の「高
麗丸」（3,029総トン）が1913年（大正2年）1月31日に就航する。

同年 4 月 5 日には同型船「新羅丸」（3,029 総トン）が続く。余談ではあるが、この「高麗丸」はのちに北日本汽船（後に日本海汽船）に売却され「満州丸」と改名、後述する「白山丸」と同僚になる。その後も大陸輸送の需要は増大し、1922 年（大正 11 年）5 月「景福丸」（3,628 総トン）、11 月「徳寿丸」（3,637 総トン）、翌年 3 月には「昌慶丸」（3,620 総トン）の同型船 3 隻が就航。

　昭和に入り 1932 年（昭和 7 年）3 月の満州国建国にともないますます輸送量が増え、一気に大型化した客船「金剛丸」（7,081.74 総トン）が 1936 年（昭和 11 年）11 月に就航、翌年金剛丸型第二船「興安丸」が就航する。「金剛丸」は試運転で 23.193 ノットを出し、これは当時の日本商船最高記録であった。このように第一船で若干トン数も大きかった「金剛丸」は “玄海の女王” と称され脚光を浴び、本船はその後塵を拝する。しかしながら戦後引揚船で一躍有名になった。ちなみに本船の試運転の最高速力は 23.110 ノットで、僅かに「金剛丸」に及ばない。

　ここで金剛丸型の特徴について、古川達郎著『鉄道連絡船 100 年の歴史』から一部引用してみたい。

　　　船首は軽く前傾し、甲板室は、正面を甲板ごとに後退させ、最上段の操舵室から船尾にかけて流れるように構成。これに、後ろに行くにつれて、少しずつ傾きを変えたシンプルなマストと雄大な煙突を配した外観は、躍動感に溢れ、とても 7,000 トン級とは思えない堂々たる風格である。メインマスト頂部を彩る金箔（ぱく）の輝きは、連絡船の “黄金時代” を象徴するかのようであった。

　金剛丸型は新機軸の設備を備え、1 ～ 3 等まで客室にエアーコンディションを行った日本最初の船で、当時世界にも例をみなかったという。また、日本で最初に船内を交流電化した。驚くべきは、金剛丸型の和

室にはひとり旅の婦人のために区画ごとに女性専用室を設けていたという。三等寝台室にも22人の婦人専用室があった。今でこそ当たり前になったが、初期の長距離フェリーには女性専用室はなかったように思うので、当時としては画期的なことではなかっただろうか。

　海軍は特設空母に改造したいという意向も持っていた。それもあって、のちに本航路にはより大きい「天山丸」（7,960.8総トン）、「崑崙丸」（7,908.5総トン）が就航していく。

　ここで『関釜連絡船―海峡を渡った朝鮮人―』から、引用するには長いので要約してみる。時代の役割が関釜連絡船の船名にも反映している。1905年（明治38年）最初に就航した船の名前が「壱岐丸」「対馬丸」という玄界灘の島の名前で地域的な連絡船に過ぎなかったものが、1910年の日韓併合の後は「高麗丸」「新羅丸」、次に日本による朝鮮支配が完成するとソウルの宮廷、宮廷園の名称「景福丸」「徳寿丸」「昌景丸」となる。「金剛丸」は朝鮮の名山に対して「興安丸」は中国東北の興安嶺から名前を取っている。「天山丸」は中国奥地のソ連国境から新疆ウイグル自治区に横たわる天山山脈から、最後「崑崙丸」はチベットから青海省を走る大山脈崑崙山脈から取ったものである。朝鮮、中国に対する侵略の度に関釜連絡船は増便され、船名は航路の性格とその任務を物語っている。

　1937年（昭和12年）就航して1週間後の2月6日23時30分、釜山港を出港してすぐ23時46分、港外の鵜の瀬の暗礁に底触する。翌日自力で脱出し、釜山第一桟橋に係船された。のちに三菱長崎造船所に回航され、船底の外板とプロペラを15万円かけて取り替えた。

　ここで次頁の3つの表をそれぞれ比較すると、輸送量が格段に増加していることが見て取れる。これは、1937年（昭和12年）日中戦争勃発など戦争の拡大による輸送量の増加と敗戦に近づいていく実情も表している。

各船の定員の比較と改装後の定員

単位は人　後ろの数が改装後の定員（「関門海峡渡船史」より）

| 船名 | 天山丸 | | 金剛丸 | | 興安丸 | | 景福丸 | | 徳寿丸 | | 昌慶丸 | |
|------|------|------|------|------|------|------|------|------|------|------|------|------|
| 1等 | 60 | 78 | 46 | 50 | 46 | 50 | 45 | 40 | 45 | 35 | 45 | 45 |
| 2等 | 575 | 491 | 473 | 385 | 473 | 385 | 272 | 161 | 210 | 203 | 274 | 42 |
| 3等 | 1,766 | 2,270 | 1,504 | 2,000 | 1,504 | 2,000 | 730 | 1,303 | 753 | 863 | 722 | 1,295 |
| 合計 | 2,401 | 2,839 | 2,023 | 2,435 | 2,023 | 2,435 | 1,047 | 1,504 | 1,008 | 1,101 | 1,041 | 1,382 |

昭和 14 年 7 月 1 日現行の関釜連絡船時刻表

| 種別 | 便名 | 下関　発 | 釜山　着 | 種別 | 便名 | 釜山　発 | 下関　着 |
|------|------|---------|---------|------|------|---------|---------|
| 旅客 | 1 | 10：30 | 18：00 | 旅客 | 2 | 11：45 | 19：30 |
| 〃 | 7 | 22：45 | 翌6：00 | 〃 | 8 | 23：30 | 翌7：15 |
| 〃 | 1007 | 22：45 | 〃6：15 | 〃 | 1008 | 23：50 | 〃7：50 |
| 回航 | 97 | 22：50 | 〃9：20 | 回航 | 98 | 22：20 | 〃7：50 |
| 貨物 | 61 | 21：30 | 〃8：30 | 貨物 | 62 | 20：20 | 〃8：20 |
| 〃 | 53 | 21：40 | 〃8：30 | 〃 | 54 | 19：50 | 〃6：40 |
| | | | | | 変54 | 19：50 | 〃7：50 |

昭和 12 年度から昭和 20 年度までの旅客輸送実績

| 年度 | 輸送旅客人数（人） | 年度 | 輸送旅客人数（人） |
|------|------|------|------|
| 昭和12年度 | 1,029,201 | 昭和17年度 | 3,057,092 |
| 13 | 1,353,993 | 18 | 2,748,798 |
| 14 | 1,793,059 | 19 | (1,659,500) |
| 15 | 2,198,113 | 20 | (499,512) |
| 16 | 2,200,845 | | |

　旅客の中には、満蒙開拓団の一員として希望に満ちた人、強制労働のために日本に連れてこられた朝鮮人、日本兵の遺骨を抱いた人々もいた。当時の過酷で厳しい状況を表した本の一冊として、前掲した金賛汀著『関釜連絡船　海峡を渡った朝鮮人』がある。

　1940 年（昭和 15 年）11 月には大型貨物船「壱岐丸」（3519.48 総トン）、翌年 4 月には同型船「対馬丸」（3,516.33 総トン）、1942 年（昭和 17 年）11 月 15 日には「天山丸」などの就航により運航時刻が改正される。1943 年（昭和 18 年）11 月 1 日、連絡船は運輸通信省（東京）

に移管される。

戦争が劣勢になるにつれて関門海峡には多数の機雷が敷設されていく。1945年（（昭和20年）4月1日、本船は2,431人を乗せて下関港を出港した約1時間後の9時42分ごろ、蓋井島北北東約2マイルの海上で触雷する。連絡船としては初めての触雷事故であったという。すぐに応急修理をして下関港に引き返す。次の表を見ると関門海峡の機雷数がいかに多かったが分かる。日本沿岸海域での全投下のうち実に42%が関門海峡に投下されている。

B29爆撃機から投下された機雷数（『輸送船入門』より）

| 海域 | 関門海峡 | 周防灘 | 若狭湾 | 広島湾 | 富山湾 | 七尾湾 | 敦賀湾 | その他 | 合計 |
|---|---|---|---|---|---|---|---|---|---|
| 機雷数 | 4,990発 | 666 | 611 | 534 | 425 | 333 | 329 | 3,932 | 11,820 |

同年5月19日、またもや組織変更により運輸省（東京）に移管される。同年6月20日をもって事実上、関釜航路は終焉した。その後、米軍機の来襲を避けるために須佐湾（山口県）にひっそりと係船される。終戦時には、「景福丸」などが青函航路に転属したこともあり、当時の関釜連絡船で残ったのは「金剛丸」と本船の2隻だけであった。

## 終戦後、引揚船の時代

1945年（昭和20年）8月15日終戦。その直後8月30日、本船と「徳寿丸」は引揚船として就航。帰国する朝鮮人が下関に集結しその人たちを乗せて翌日釜山に向かう。9月2日、逆に帰国する日本人7,500名を乗せて釜山港を離れる。公式引揚船の第一便となる。以降、僚船「徳寿丸」と仙崎、釜山間の引揚船として運航される。

1946年（昭和21年）3月25日、SCAJAP（日本商船管理局 戦後連合軍が設立）から基地を仙崎から博多に移すように指令を受ける。翌年1月15日、「徳寿丸」とともに用船を解除される。

1947年（昭和22年）12月2日、前年から日本中を巡幸されていた天皇陛下の山口県下関での宿泊所となる。皇族や高官の宿舎は、下関では山陽ホテルか春帆楼と決まっていたが、前者は戦災で焼失、後者は荒れ果てていて本船への宿泊が決定される。当日午後4時20分ごろ乗船されたという。マストには天皇旗を掲げ、夜は全船イルミネーションで飾られた。

　もう一度『鉄道連絡船100年の歴史』から引用してみよう。

　　もともと金剛丸型の特別室は、皇族専用ともいえる貴賓室で、これにふさわしいデザインになっていた。居間、寝室、バス付化粧室の3室から構成され、隣接する1等普通室は随行員用にも使用できるように配慮されていた。寝室はツウィンで、居間にはソファー、アームチェア（うち1脚は貴賓用）、テーブル等を配し、壁際には大理石の暖炉を設けていた。デコー張りの壁面にかけた絵画は、興安丸は石川寅治（いしかわとらじ）画伯の油絵『河口湖の富士』…行幸当時は堂本印象（どうもといんしょう）画伯の『野辺の風景』に変わっていた。

　1950年（昭和25年）3月1日付けで本船と「壱岐丸」は、国家賠償のため朝鮮郵船に譲渡される（ある本によると、アメリカ軍の戦後処理の手違いから譲渡されたという一文がある。真偽は分からないが気になるところである）。朝鮮郵船に少し触れると、日露戦争のあと朝鮮航路に参入する会社が増えて乱立気味になり競争が激化する。そこで日本郵船、大阪商船を中心に釜山汽船ほか2社の朝鮮周辺の航路を営む会社を合併し1912年（明治45年）3月1日設立で資本金300万円、4月1日26隻、6,236総トンをもって開業し、朝鮮総督府の補助を受けて朝鮮沿岸航路の営業をする。ちなみに韓国併合は1910年（明治43年）8月である。

　朝鮮郵船に譲渡された3か月後の同年1950年（昭和25年）6月25日、朝鮮戦争が勃発する。7月1日同型船の「金剛丸」は米軍に用船され、

佐世保〜釜山間を運航することになる。数日後、「徳寿丸」と本船は国連軍を乗せて同航路に就航し、のちに「金剛丸」と本船の2隻で各港を夕方出航し翌朝入港というピストン輸送する。「徳寿丸」とやや遅れて用船された「昌慶丸」は予備船となる。佐世保への出入港は繰り返されたが、舞鶴と異なり佐世保での引揚活動はなかった。

　1951年（昭和26年）3月、本船は以下のように朝鮮郵船から東京郵船に所属が変わる。東京郵船はもともと朝鮮郵船の第二会社で、人的交流も資本的にも関係が深かった。1949年（昭和24年）8月1日公布された「旧日本占領地域に本店を有する会社の本邦内にある財産の整理に関する政令」により1951年（昭和26年）3月31日、朝鮮郵船所有の財産のうち内地所在の船舶、本船以下5隻14,965総トン、土地、建物、現金を切り離し、東京郵船（資本金2,000万円）という新会社として設立され、日本郵船が用船または受託運航した。ファンネルマークも白地に赤いTの字のマークになる。朝鮮郵船は解散する。

　1952年（昭和27年）の初めには朝鮮戦争の戦火もほぼ収まり、同年4月には国連軍の用船を解かれ宇品港に戻る。2年近い間に軍隊輸送は244回に及んだという。

東京郵船時代の興安丸　坂元英州氏撮影
左：西口公章氏提供　右：木津重俊氏提供

　海外残留日本人の集団帰還輸送は1950年（昭和25年）で一応終了していた。その後は個別での帰還となっていたが、1953年（昭和28年）3月5日中国紅十字会の指示により日本赤十字社等が窓口になり交渉が行われ、「日本人居留民帰国問題に関する共同コミュニケ」（北京協定）

が発表される。帰国希望の日本居留民集結地点は、上海、天津、秦皇島（北京から列車で東へ約 5 時間、渤海湾に面した都市）である。上海には大阪商船の「高砂丸」（9,315 総トン）、天津には同社「白龍丸」（3,207 総トン「前書 3」90 頁に写真）と後述する日本海汽船の「白山丸」、そして秦皇島には本船が行くことになる。3 月 16 日正午、本船は秦皇島に向けて出港する。18 日 20 時には港外に着き、20 日午前 8 時、舞鶴に向けて秦皇島を後にする。地図で見ると、舞鶴までの距離は 3 地点で大きくは違わない。

　終戦直後からは年数が経ち人々の生活が落ち着いた時期で、引揚再開の第一船がどの船になるのか注目が集まった。本船入港の日を前後して、新聞社、通信社、放送局、ニュース映画社など報道機関が 75 社、約 1,000 人のマスコミ関係者が舞鶴に押し掛けた。ニューヨークタイムズや AP 通信の海外のマスコミも加わった。舞鶴港は飛行機やヘリコプターが飛び交い、記者を乗せた漁船のエンジン音や出迎えのマイク音の喧騒に包まれた。中には、船内の様子など情報をいち早く知りたいため乗船者たちにレポート依頼をする新聞社もあった。それほどの報道加熱であった。この帰国報道が、戦後マスコミ報道合戦の嚆矢ではないだろうか。

　20 日、朝日新聞夕刊の一面トップの見出しは "故国へ！ 帰還第一船は急ぐ" となっている。敗戦国の船が、戦勝国にいる邦人を帰国させるために出向くのである。船員を始め乗船している事務方、医療関係者などの緊張感はいかほどだっただろうか。23 日午前 7 時、本船は帰還邦人 1,953 名を乗せて真っ先に舞鶴港口に着く。「高砂丸」は 24 日、「白山丸」と「白龍丸」は 26 日に到着する。3 月 21 日付高知新聞によると、本船は出港後 15 ノットで舞鶴に向かい、「高砂丸」は悪天候のため着岸予定を遅らせ 21 日午前 6 時上海を出港予定。「白龍丸」は 22 日ごろ天津を出港となっている。振り返ってみれば、4 隻の中で一番早く着

くのは本船と2日前には決まっていたのである。この結果、本船の名前は全国で知られることとなり、引揚船と言えば「興安丸」と引揚船の代名詞となり後世に引き継がれていく。あまりにも興安丸と舞鶴の結びつきの印象が強いので、前述通り、関釜航路で本船が終戦直後の公式引揚第一船であったことは忘れられている。

　こうした喜ばしく明るいニュースの陰で、帰国者の健康問題や思想の変化の危惧、家庭的な事情など各個人をみれば心配ごとが多かった。一例をあげれば、中国人と結婚されて一時帰国した中国人妻が、再び中国に帰国するのかどうか迷いながらの帰国、現在の私たちには想像もできない苦悩であった。

　1957年（昭和31年）12月26日、シベリア抑留の1,025人を乗せた本船がナホトカから舞鶴港に入港。これがリベリアから帰還者を乗せた最後の便となった。

　余談ではあるが、引揚船「白龍丸」の乗員は中国本土に上陸しないという取り決めであったにもかかわらず、代表団は一流ホテルで歓待され乗組員も上陸を許されたという。昨今の中国との関係を考えると、こんな事実があったことも記憶しておくべきだろう。

上：高砂丸　下：興安丸の模型　舞鶴引揚記念館にて

　この帰還第一船から1957年（昭和32年）8月までに、本船は中国向け16航海（秦皇島〜舞鶴2，塘沽〜舞鶴14）、ソ連向け6航海（ナ

ホトカ〜舞鶴5、真岡〜舞鶴1）、合計22航海、下記の中国の帰還者を含んで21,789人を運んだ。中国への帰還者についてはあまり触れられることはなかったが、日本在留の中国人の帰国も本船などによって行われた。これは本船の復路（日本から中国へ）を無料で使用できるよう、日本赤十字、日中友好協会、日本平和連絡会、東京華僑総会などの働きかけによって実現する。帰国者は、留学生や華僑の子弟、生活困窮者などであった。1953年（昭和28年）6月27日、551人が本船で舞鶴から出港し7月2日天津港に入港したのを始め、同年は3回にわたり2,649人の留学生や華僑が帰国した。この事業は1958年（昭和33年）6月まで継続され、他船を含めて合計3,744人が帰国を果たす。その後、帰国者たちは厳しい現実に直面し、日本に戻った者も多かったという。また大卒や高卒の帰国者の中には、中国の政府や教育機関で日本関係の仕事に就いた人達もいた。彼らの活躍により1980年代の日中の交流事業が活発になった。

　1957年（昭和32年）7月1日、横井英樹氏の義父が経営する不動産管理会社の日本産業が、本船を1億8,000万円とも2億5,000万円、5億円とも言われる売買価格で所有することになる。この買い取りには東海汽船や旭海運というライバルがいて、実質の所有会社・日本郵船の提示額の2倍の金額を出したと言われている。横井氏はこの会社から用船する形で運航し、社名を東洋郵船とする。同年7月24日サハリンの真岡に向けて舞鶴を出港して行った。8月1日舞鶴に帰還者を下船させ、8月6日宇品に回航され、4年にわたる引揚船の仕事を終えることになった。


### 東京湾遊覧船の時代
　同年11月30日、本船は東京湾に入り芝浦沖に停泊する。その時点では、塗装など改装がほぼ完了していたようである。翌1958年（昭和

33年）4月から"海の銀座"と銘打って、東京湾の遊覧航海（今でいうレストラン船のクルーズ）を始める。朝10時（後に11時に変更か）に日の出桟橋を出て三浦半島城ヶ島付近で反転、房総半島の野島崎を回って午後3時（後に5時に変更か）に帰着するコースである。中ではフラダンスなどのショーが催されたという。等級は時期によって名称が異なるが、1等、2等、特別3等、3等という分け方と、1等、特別2等、2等、特別3等、3等と特別2等が入る場合がある。珍しさも手伝って人気は上々、平日でもほぼ定員いっぱいで、休日には合計2,980名の定員をはるかに超えて4,000名余りを乗せていたという。

前者の呼称時の定員は次のようになっている。

| 1等 | 2等 | 特別3等 | 3等 |
|---|---|---|---|
| 248名 | 437名 | 1140名 | 1155名 |

乗船料は次のようになっている。（後者の等級名称で示す）

| 1等 | 特別2等 | 2等 | 特別3等 | 3等 |
|---|---|---|---|---|
| 3,000円 | 2,000円 | 1,500円 | 1,000円 | 500円 |

この他に、出港前や帰港後数時間、船内を見学させることで観覧料200円を設定している。当時の大卒給料が13,500円ぐらいなので、乗船料、観覧料ともに高額である。船内の飲食物（例　特別洋食弁当300円）もかなり高かったようである。パンフレットには次のように書かれている。

興安丸の特長
興安丸は東洋一の純客船であり速度、安定性、観光諸設備、清潔感、卓越せる照明等は世界的水準を持し、又海事思想の普及にも他に比類のない特殊設備を持って居ります。
規模は巨大で、船内全般にチーク

会社作成の興安丸絵はがき
裏には、建造 三菱長崎造船所
昭和12年進水など要目が記載されている

材、真鍮等の材料が使用され、この点唯一無二の存在です。

「船内御案内」で、その設備が紹介されている。

　パーラー＆ロビー　結婚式場　ティールーム、大宴会場　子供大遊園場（木馬・ブランコ・スベリ台等々）望遠台（大望遠鏡・中望遠鏡）電話設備（各室より陸上と即時通話）海洋展示場（社会科用）海洋特別教室（船長並び海運界権威者講師）大演芸場、名店街、和洋各大食堂、各室拡声器装置　商品見本市場

　「大」の文字が多用された紹介文である。この時代、海洋特別教室が催されるなど "海事思想の普及" は時代の趨勢だった。1950 年代、60 年代、世界を巡る船員の仕事は、少年たちの憧れであった。

　パンフレットには「わずか 500 円で洋行気分　1,000 萬弗の超豪華船」「僅かな費用で洋行気分　海のオアシス東京港より快速出航」の文言が並ぶ。

　周遊を始めて 2 か月後の 6 月から 7 月にかけて山口県の笠戸船渠で改装を行う。東京から離れた笠戸に改装が決まった理由は、他の造船所が東洋郵船の支払い等に危うさを感じたからだいう。笠戸船渠（現在の新笠戸ドック）は、1918 年（大正 9 年）に笠戸島に設立された造船会社であるが、紆余曲折あり 1954 年(昭和 29 年)7 月工場閉鎖になる。2 年後の 1956 年（昭和 31 年）当時、再建の第一歩を踏み出したばかりで、造船会社にとっても収入面でも存在アピールでもいい機会ではなかったか。終戦後、本船前までに 52 隻の改造船を請け負ったが、2 番目に大きい総トン数で唯一の客船でもあった。

　改装点は次のようなものだった。8 缶のボイラーのうち 4 缶を石炭から石油に変え、2 缶は

改装中の興安丸（「創業40年を顧みて」より）

休缶。2缶は陸揚げしてあとに発電機を新設する。船内に模擬店を設け、寿司、天ぷら、おでん等を販売したという説がある。

　この改装中の6月11日、東洋郵船社長室にて横井氏が安藤組の組員に撃たれる事件が起こる。

　改装が終わりまた遊覧航海に戻るが、7月13日、日の出桟橋離岸中の本船が曳船「日航丸」に接触し、これにより3隻のはしけに玉突き接触、うち1隻が沈没する事故が起きる。この時の乗船者数は1,800

東洋郵船時代の興安丸　木津重俊氏提供

人を数えていた。その年の12月23日、東京タワーが完成する。東京湾を見渡せるこの施設と入れ替わるように東京湾遊覧は終了する。次の年早々新しい事業が待っていた。振り返ってみれば、この遊覧事業は意外に短く1年足らずのものであった。


## インドネシア・巡礼船の時代

　横井氏は次の事業に乗り出す。インドネシアでイスラム教徒を聖地メッカに送る、いわゆる巡礼船事業ある。チャーター期間6か月で、ジャカルタからサウジアラビアのジェッダまで巡礼団を運ぶ任務である。1959年（昭和34年）4月13日改装のため神戸港へ、17日17時50分新三菱重工神戸造船所入渠、巡礼船仕様のために改装が行われる。船内のサロン、バー、診察室、スタンドなどはベニヤ板で張りめぐらされ、代わりにシャワー、便所などを新設する。食堂の一部は畳を敷いて船室に変わり、高官用個室30室を残し定員1,300人の大広間にする。船体も季節風の強いインド洋に対応して重心を下げるためにインゴットの鉄などのバラストを載せ補強。熱帯病患者の手当てのために隔離病室や消毒室が設けられ、冷蔵庫収納量も8倍に増やされた。また船員

の異動も行われ、東京郵船からの出向組の多くは下船し、残留を希望する者は東洋郵船に移籍した。入渠 2 週間後の 4 月 30 日 18 時 10 分、神戸港から慌ただしくインドネシアに向けて出港する。インドネシア人で自転車世界一周していた若者と日本への留学生が、それぞれ日本人と結婚して帰国するために乗船したという。途中香港に寄港して、5月 13 日ジャカルタに到着する。6 月末頃ジャカルタとスラバヤでそれぞれ 500 名の巡礼団を乗せ、15 日をかけてジェッダに向かう。このあと空船のままジャカルタに帰港する。次に日本政府の要請によりベトナムのハノイに向かい、引揚者を乗せ東京港に向かう。ベトナムからの集団引き揚げはすでに 1946 年（昭和 21 年）5 月末で完了していたが、日本人 10 名とベトナム人女性の妻 7 名、それに子ども達 15 名が残留していて本船はそれらの人々を乗せ、1959 年（昭和 34 年）年 8 月 11日東京港に帰着する。この後、半年ほど東京湾に係船され、ときどき伊勢詣での団体客を運んだりパーティー会場になったりしている。

　1960 年（昭和 35 年）2 月ロサンゼルスのウエスタン・シッピング・コーポレーションという観光会社が、日本行き観光団を送り出す計画を立てチャーターを申し入れるが不成立となる。そのあとインドネシアから巡礼船として継続して用船したいという打診が来る。それを受けて本船はメッカ巡礼船のシーズンが終わると、新たに政府系企業による国内航路の定期船として使用される。国内航路は次の 3 つのパターンで運航される。①ジャカルタ〜ムントック（バンカ島）〜ペナン〜メダン外港ブラワン（スマトラ島）、②ジャカルタ〜ベンクール（スマトラ島）〜パダン（スマトラ島）、③ジャカルタ〜スラバヤ〜マカッサル、ドンガラ、カンダン、メナド（セレベス島）。現地の人からは「コーアン・エキスプレス」と呼ばれ、人気だったという。同年 9 月 12 日、インドネシアから 15 年ぶりに生まれ故郷長崎に帰って来て定期検査を受け、定員を 1,300 名から 2,000 名に増やす改造をする。12 月三度目のイン

ドネシアに向けて出港する。この後は毎年一回定期検査に戻り、あと
の 11 か月はインドネシアで巡礼団輸送と国内航路に就くスケジュール
を繰り返す。

## 終焉へ

1967 年（昭和 42 年）半ばジャカルタ入港中、乗組員 2 人がインド
ネシア海軍の水兵といさかいになり銃で撃たれるという事件が起こる。
続けて 8 月、ブラワン港で接岸していた本船にとって致命的な事故が
起こる。三等室から出火、2 時間後には消し止めるが三等室はほぼ全
焼し、消火活動のため船内は荒れ果てる。人的被害がなかったことが
幸いであった。一週間後、本社から用船解除と帰国命令が出る。三菱
横浜造船所で修理予定であったが、交渉が不成立で翌 1968 年（昭和
43 年）1 月横須賀に回航し長浦港 C1 号ブイに繋留され、数か月後に
は手は入れられるが、本
格的なものではなく昔の
姿には戻らなかったとい
う。会社はしきりに各方面
に売り込み、下見で訪船す
る人は絶えなかったが、次

1968年5月 長浦港にて 山田廸生氏撮影（「船と港」より）

の活躍のステージには繋がらなかった。荒廃した船内で岡田真澄主演、
松岡きっこらで「吸血髑髏（ドクロ）船」という題名の映画が撮られ
たこともある。その後も東洋郵船は諦めず、横浜港の「氷川丸」に対
抗して、相模湾に浮かべて海上ホテルにする案も立てられた。

1970 年（昭和 45 年）、とうとうスクラップとして大阪の日綿興業に
1 億 4,000 万円で売却され、10 月 16 日 2 隻のタグボートに曳かれて、
解体地の広島県三原に向かう。10 月 20 日三原市の東、木原町沖着。
解体業者の西部興業によって 11 月に入ってから解体がはじめられたと

いう。

　地元の三原市や関釜連絡船ゆかりの地である下関市から、せめて船体の一部を記念品として買い取りたいという申し入れがある。三原の内港東公園に錨、もう一つの錨は下関の国民宿舎海関荘に、コンパスは下関火の山のユースホステルに置かれた。

内港東公園の錨　　　　　　　　海関荘の錨

平成11年1月16日　迫口充久氏撮影　　　平成8年9月8日　徳野秀雄氏撮影
（「S＆S」より）西口公章氏提供

　現在は、一つの錨は以前と同じ内港東公園の元の場所より少し北に新しくつくられたモニュメントに、もう一つは下関の下関市消防局の前に置かれている。また三原歴史民俗資料館には、船名板、ランプ、時計、ハンマーなどが保管されている。

 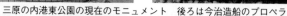

三原の内港東公園の現在のモニュメント　後ろは今治造船のプロペラ

下関消防局の前に置かれている錨と銘板

時計

船名版

「引揚船　興安丸」赤松和彦氏画　絵はがき

　二番手だった「興安丸」が歴史上で有名になり、多数の船装備品が今日まで残っている。錨がモニュメントとして2つ残されている船を他に知らない。一番船の「金剛丸」の号鐘は、「興安丸」の物とともに神田の交通博物館を経て現在、大宮の鉄道博物館に保管されている。

　本船「興安丸」が有名になった理由、一番先に舞鶴湾に姿を見せた事実も時代とともに薄れていっている。

## 白山丸の生涯

「白山丸」、戦前の日本海航路では有名船であったろうと思われるが、現代では知っている人が少ない客船である。戦後は、引揚船で新聞紙上にも頻繁に掲載された船である。当時は有名だったが、引揚船の代名詞「興安丸」の後塵を拝していた。沖縄航路では当時最大船であり、それをしのぐ船は1970年代まで出てこなかったので沖縄では注目された船であろう。しかし全国的に知られた船ではなかった。最後は東洋郵船運航で、海外で活動した。同僚の船は戦火の中失われたが、長期に活躍した船であった。

### 日本海航路時代

　本船は1941年（昭和16年）8月に日本海汽船の最大級3隻の1隻、

フラッグシップとして竣工する。戦前に日本海を航行する代表的な船であった。船名の由来は、石川、福井、岐阜にまたがり富士山、立山とともに日本三霊山の一つに数えられる白山、その頂に祀られる白山比咩神社に由来している。

　北日本汽船の貨客船「月山丸」「気比丸」(「前書4」193頁に絵はがき)に続く同型3番船として計画され、建造されていたが、途中で1939年(昭和14年)12月29日に創立された日本海汽船の所有船となった。

　本船は2船と同型船で主要寸法同じであるが、船橋楼は長く、流線型で、より客船色が強かった。また、設計の工夫により月山丸型より旅客定員は113人増えたにもかかわらず、船体重量は軽くなる。月山丸型に搭載していた約500トンの砂利バラストも不要になり、同機関でありながら試運転での速度が0.3ノット増加する。北日本汽船などの日本海航路の貨物船、貨客船は船首部の外板、防撓構造を強化し外板を平滑にした構造で、"耐氷構造付き"と称された。

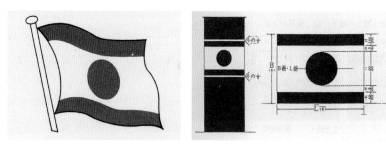

日本海汽船の社旗とファンネルマーク　上下の2本の線はニホンを表す
(「日本海汽船50年史」より)

　満州事変に次いで日華事変が起こり、北満州と日本海側の都市を結ぶ日本海航路がより重要となり、航路の充実のため新会社が設立される。北日本汽船56%、大連汽船38%、朝鮮汽船5%の資本金3,000万円の出資、所有船11隻38,884総トンの国策会社である。本船の起工が同年12月14日であるから北日本汽船の船で起工して二週間後、日

本海汽船に移管されたのである。

　新会社・日本海汽船の船として翌1940年（昭和15年）8月14日午前4時10分進水する。竣工後は新潟～北朝鮮の東海岸、清津、羅津を結ぶ日本海を縦断する航路に就航する。

　要目は次のとおり

1939年12月14日起工　1940年8
　月14日進水　1941年8月20日
　竣工　浦賀船渠建造
総トン数 4,351.11トン　重量トン数
　4,103トン　全長108 m（114.9 m）
　幅15 m　深さ8.8 m
主機　低圧タービン付複・二連成レ
　シプロ機関1基　2,200馬力

白山丸絵はがき

最高速力16.4ノット　航海速力14.5ノット　旅客定員　1等20名　2等100名
　3等694名

　主機は先の2船と同じで、浦賀船渠独自の開発、複・二段膨張式レシプロ機関と排気蒸気を利用した低圧タービンに減速歯車を介して連結したものである。船型によって減速比を変え、船速に応じて最高の推進効率を得るものであった。また2船からすると細部にわたって14回の配置設計を変更し客室定員を大幅増にし、燃費は大幅減にし、かつ工数を1万数千工数減少させた。

　ボートデッキには、両側にベランダのついた1等社交室、船長などの高級船員室、2等喫煙室が配置される。その下のブリッジデッキには、1等食堂、左舷中央付近に特別室1室（Suite Room）、1等室2名用6室、3名用2室、和室の2等客室があった。アッパーデッキには2等客室、3等客用喫煙室、後方右舷には2等食堂があり、セカンドデッキには主として3等客室があった。

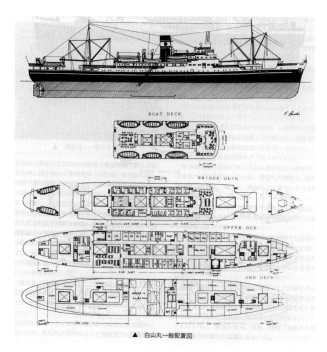

BOAT DECK

BRIDGE DECK

UPPER DCK

2ND DECK

▲ 白山丸一般配置図

（「船の科学」2001年3月号　世界の客船拾遺集 白山丸　執筆者 大内建二氏より）

詳細な旅客室の定員は次の表のとおりである。

| 1等 | | | 2等 | | | 3等 | |
|---|---|---|---|---|---|---|---|
| 区分 | 室数・グレード | 定員 | 区分 | 室数・グレード | 定員 | グレード | 定員 |
| 特別室 | 2名×1室（ベッド） | 2 | 甲 | 5名×6室（ベッド） | 30 | 雑居室 | 694<br>(687) |
| 甲 | 2名×6室（〃） | 12 | 〃 | 7名×1室（〃） | 7 | | |
| 乙 | 3名×2室（〃） | 6 | 乙 | 6名×4室（絨毯） | 24 | | |
| | | | 〃 | 7名×3室（〃） | 21 | | |
| | | | 〃 | 18名×1室（〃） | 18 | | |

※先の就航した「月山丸」や「氣比丸」と比較して細かいグレード別になっている

　満州にわたるルートは3つあった。一つは「興安丸」の就航してい
た関釜連絡船で釜山に渡り列車で、二つ目は阪神から大連に渡り列車
で、三つ目は本船航路のように日本海側の新潟や敦賀から北朝鮮の清

津、羅津に渡り列車で満州に入る。この三つ目の航路が、所要時間が短く、運賃が最も安かった。1935年（昭和10年）ごろから交通量が急増していく。1941年（昭和16年）、「気比丸」（船客136名、船員20名乗り組み）が機雷により沈没し、本船と「月山丸」は敦賀航路に移ることになる。この「気比丸」の沈没は開戦前の大事件であった。『日本海汽船社史』には追悼録が載っている。

　日本、米国赤十字社の要請により、双方の捕虜に対する救援物資の輸送のため日米が船を出す。この交渉は、まとまるまでに3年近くの月日を要した。その運搬に選ばれたのが本船である。1944年（昭和19年）10月28日、強制収容中の日系人や捕虜のために日本側の救援物資（書籍や郵便物、嗜好品など）を積み込んで当時中立国であったソ連のナホトカに向けて新潟港を出港、途中羅津に寄港し船客214名と貨物3,500トンを降ろし、ナホトカではソ連船タシュケント号に日本人捕虜、抑留者あての救援物資を沖積みし、代わりに米軍人捕虜のための物資2,025トンを受け取る。復航は羅津に寄港し、満州に抑留されている捕虜向けに物資150トンを降ろし、11月11日に神戸港に帰港する。日本国内に抑留されている米軍捕虜向けに800トンと、中国に送り込まれる275トンを陸揚げする。残り800トンは南方マレー・ジャワ方面の米軍など捕虜の物資で、翌1945年（昭和20年）2月17日、日本郵船の貨客船「阿波丸」（11,249総トン　当時は船舶運営会使用船）に積み門司港を出港した。「阿波丸」は万国安全保障（往復とも敵側によって安全を保障される）の標識、緑十字を舷側に2つと煙突に付し、煙突の標識は照明されていた。加えて上空から見えるように3個の十字章をつけていた。この緑十字は、緑の四角の下地に白色で十字を描いたものである。これとは異にして、みどり色で十字を示したものは戦後の引揚船である（17、19頁写真）。同じ"緑十字"と言われるが異なるものである。物資を届けたのち3月28日、シンガポール

（沼南）を出港し帰途に就くが、航海途中 4 月 1 日午後 11 時 30 分ごろ台湾海峡にて米潜水艦に撃沈される。乗員、便乗者など 2,045 名（2,130名。他の資料では不明となっている）中、米軍の救助にもかかわらず捕虜になることを拒否し生存者は司厨員の 1 名だけであった。世にいう阿波丸事件である。これは 1912 年に起こったタイタニック号の事故を上回る惨事であった。「阿波丸」が救援物資の輸送船に選ばれた詳細は分からないが、当時の残存する船の中でも最も優秀な船の 1 隻であったことには間違いない。この事件は米国側が過失を認め、損害賠償もされたという。なお、阿波丸事件を題材にした本は多数出版されている。

その後も本船「白山丸」は日本海航路に就航し満蒙開拓団など多数の人や貨物を輸送、終戦間際には満州や朝鮮からの脱出する多くの引揚者を運んだ。終戦直後の 1945 年（昭和 20 年）8 月 18 日、山口県萩市沖（博多湾）で蝕雷によって船底が破壊され沈没するも、水深が浅かったため翌年 1 月浮揚に成功した。7 月 22 日より大阪の名村造船にて修理が始まり、翌 1947 年（昭和 22 年）9 月 30 日に終わる。

大戦中に喪失した日本海汽船の船は 19 隻 55,371 総トン、戦後残ったのは本船と古参の貨客船「北朝丸」（2,256 総トン 1920 年建造）、それに性能が良いとは言えない戦時標準船の貨物船 6 隻であった。まともに動かせる船は本船だけであった。

## 戦後の白山丸 －沖縄航路・引揚船として－

船舶運営会の運航で 1947 年（昭和 22 年）10 月 12 日、新潟港を出港し小樽までの航路に就く。本航路は翌年の 10 月までの一年間続けられる。交通手段がない時代、生き残った本船は貴重な 1 隻であったに違いない。旅客の外に主な積み荷として、北海道からはジャガイモ、木材など、新潟からは米などがあった。

1948 年（昭和 23 年）12 月 4 日修理のため神戸に、同月から大阪～

門司〜新潟〜小樽〜留萌航路に就航する。まさしく江戸時代の北前船の再来であった。翌1949年（昭和24年）9月には名古屋〜清水〜東京〜函館〜小樽〜留萌航路に就航。その時の運航表は次のようになっていた。

日はいずれも9月

|  | 留萌 | 小樽 | 函館 | 東京 | 清水 | 名古屋 |
|---|---|---|---|---|---|---|
| 着 |  | 18日未明 | 21日8時 | 23日16時 | 26日未明 | 27日未明 |
| 発 | 17日19時 | 20日11時 | 〃15時 | 25日16時 | 〃16時 |  |

　1950年（昭和25年）4月民間還元後、使用目的のなくなった本船は広島の宇品港に係船される。同年10月沖縄航路の定期船となり、那覇に向けて東京港を出港する。途中同月19日神戸港に寄港し、セメント2,000トン、雑貨2,000トンを積み込み、兵庫突堤を出港している。年代が特定できないパンフレットには横浜〜神戸〜那覇〜横浜（東京）となっていて、鹿児島、名瀬にも寄港していた。横浜より那覇へ6日、神戸より那覇へ3日、那覇より横浜へ3日と書かれている。

白山丸

特二等　食堂

客室

白山丸要目
縄屯数 4,355噸
速力 14.5節
積貨容積 4,000瓲
船客定員
特二等 20人
特2等A 75人
2等B 49人
3等 415人

寄港地
横浜-神戸-那覇-横浜

（地図：門司、神戸、大阪、名古屋、横浜、東京、鹿児島、名瀬、那覇）

船客運賃表

| 行先 | 等級 | 横浜 | 神戸 | 門司 | 鹿児島 |
|---|---|---|---|---|---|
| 大阪又ハ神戸 | 特二等 | 3,500 | — | 3,150 | 4,850 |
|  | 一等A | 2,440 | — | 2,140 | 3,300 |
|  | 一等B | 2,170 | — | 1,860 | 2,870 |
|  | 三等 | 1,300 | — | 1,100 | 1,700 |
|  | 粁程 | 859K | — | 463K | 712K |
| 名瀬 | 特二等 | 11,950 | 8,550 | 6,750 | 4,710 |
|  | 一等A | 8,260 | 5,970 | 4,710 | 3,180 |
|  | 一等B | 7,290 | 4,290 | 3,450 | 2,740 |
|  | 三等 | 4,350 | 2,580 | 1,620 |  |
|  | 粁程 | 1,954K | 1,095K | 982K | 383K |
| 那覇 | 特二等 | 15,240 | 11,280 | 9,210 | 8,490 |
|  | 一等A | 10,650 | 7,830 | 6,390 | 5,850 |
|  | 一等B | 7,500 | 5,610 | 4,650 | 4,290 |
|  | 三等 | 5,760 | 4,290 | 3,450 | 3,180 |
|  | 粁程 | 2,289K | 1,430K | 1,317K | 718K |

雑誌「船の科学」では、東京（芝浦桟橋）～横浜～神戸～門司～名瀬～那覇となっている。また『日本海汽船50年史』では、横浜起点として神戸～門司～那覇～名瀬～神戸～横浜となっている。航路の起点、寄港地は三つの資料によって微妙に異なる。臨時便や期日よって寄港していたのだろうか。旅客定員は、特2等20名、A2等75名、B2等49名、3等415名で、当時の食糧事情から主食携行量として横浜—那覇2升1合、神戸－那覇9合、那覇－東京1升2合の表を載せている。年度別航海数と乗客数は表のとおりである。

| 全て往復 | 昭和25年度 | 昭和26年度 | 昭和27年度 |
|---|---|---|---|
| 航海数 | 7航海 | 14 | 15 |
| 乗客総数 | 1，913人 | 8，407 | 5，416 |
| 平均乗客数 | 273人 | 601 | 361 |

山田廸生氏撮影　晴海埠頭にて　木津重俊氏提供

会社作成パンフレット

白山丸　右写真は上のパンフレットの写真の元と思われる（「海と空」1959年11－12号より）

　『思い出の沖縄』（古川正弘著　昭和61年12月刊）には次のように書かれている。

東京の竹芝桟橋を出てから、名古屋、神戸、門司港ともう一週間もすぎているので私も少々疲れを生じ、すべるご膳をとめるのもおっくうであった。門司から奄美の名瀬へ向けての航海をつづけている船内で演芸大会が始まった。白山丸（3,500トン）が沖縄航路への処女航海を祝っての特別行事であった。（中略）昭和二十五年十一月三日、…名瀬港に入港した。乗船する人はひとりもいなかったが、かなりの人が下船していった。白山丸に向かって小さな艀がバナナやアメリカのタバコを売りに来た…


　1951年（昭和26年）初頭に、本船のほか沖縄定期航路に就航していたのは、新造船の大阪商船の「白雲丸」（2,284総トン）、三井船舶の「十勝山丸」（1,952総トン）であった。当時は沖縄復興のため建設資材の荷動きが盛んで、貨物、旅客ともに満船であったという。1952年（昭和27年）7月24日18時50分、日本沖縄相撲協会の一行11人を乗せて神戸中突堤を出港したという記録も残っている。以来10年間、沖縄航路の最大船として就航する。その間に、政府要請により下の表のように引揚者輸送業務に携わっていた。

　引揚船の航海で世間から最も注目されたが右表の中国からの第1回である。前述したように1953年（昭和28年）3月23日、「興安丸」は帰還第一船として舞鶴港に入港、遅れて翌日「高砂丸」、

| 中国、フィリピンからの引揚 | | | |
|---|---|---|---|
| 回 | 年月 | 航路 | 人数 |
| 1 | S28・3 | 太沽・舞鶴 | 500 |
| 2 | 4 | 上海・舞鶴 | 513 |
| 3 | 5 | 〃 | |
| 4 | 6 | | 506 |
| 5 | 7 | マニラ・横浜 | 110 |
| 6 | 8 | 上海・舞鶴 | 492 |
| 7 | 9 | 〃 | 497 |
| 8 | S33・4 | 東京・太沽 | 58 |
| | | 太沽・舞鶴 | 430 |
| 9 | 5 | 〃 | 423 |
| | 〃 | 舞鶴・太沽 | 31 |
| 10 | | 太沽・舞鶴 | 562 |
| 11 | 6 | 〃 | 554 |
| | 〃 | 舞鶴・太沽 | 23 |
| 12 | 7 | 〃 | 94 |
| | | 太沽・舞鶴 | 579 |

| 樺太からの引揚 | | | |
|---|---|---|---|
| 回 | 年月 | 航路 | 人数 |
| 1 | S32・11 | 真岡・舞鶴 | 317 |
| 2 | S33・1 | 〃 | 545 |
| 3 | | 〃 | 549 |
| 4 | 8 | 〃 | 472 |
| 5 | S34・1 | 真岡・小樽 | 172 |

マニラ・横浜はモンテンルパ戦犯釈放者
二けた人数4航海は、華僑を輸送。
（「日本海汽船50年史」より）

そして本船と「白竜丸」（白龍丸「前書3」99頁参照）は天津から26日に帰港する。表にある航路の出発点太沽（たいこ）というのは、中国天津市の地区にあり、他の資料では単に天津となっている。のちに詳述する「高砂丸」に少し触れると大阪商船の台湾航路客船で9,315総トン最高速力20.2ノット、1937年（昭和12年）4月三菱長崎造船所で建造。氷川丸に次ぐ大きさの病院船になり戦後まで生き残る。

高砂丸　2つとも大阪商船絵はがき

　1950年（昭和25年）以降、海外からの引揚者の受け入れ港は舞鶴港に一本化されていた。1958年（昭和33年）7月、本船「白山丸」の舞鶴への引揚航海で日本と中国を無許可で往来する日本人が発見され、入出国管理令違反で起訴され裁判が行われる。この中には、戦後の国鉄三大謀略事件のひとつ三鷹事件の関係者もいたという。この事件を白山丸事件といい、後々の裁判にも影響を与えた。

　同年9月7日、本船が樺太の真岡（ホルムスク）から舞鶴に帰港したのが（前頁表の昭和33年8月の航海だと思われる）戦後舞鶴への引揚船航海の最終となった。この時は舞鶴西港に着いている（引揚のメインは舞鶴東港）。舞鶴への引揚者、復員兵の総数は13年間で約66万人であった。それから30年後の4月に舞鶴引揚記念館が開館されている。

　引揚船から沖縄航路に戻った1959年（昭和34年）7月7日、マニラ開　JR舞鶴東駅内にあるレプリカ　写真は白山丸

催第 10 回（18 回）ボーイスカウト世界大会ジャンボリーに出場する団員（東京 258 名、神戸 249 名）輸送のため東京港を出港、10 日 8 時 20 分神戸港入港、同日 15 時出港して行く。途中沖縄海域、マニラ湾で戦没者慰霊の花束を投下する。一週間マニラに滞在し 28 日に出港し、帰国の途に就いた。

### 終焉　東洋郵船へ

1961 年（昭和 36 年）3 月、沖縄航路から撤退し売却されることになる。同年 5 月 11 日、日本鋼管鶴見造船所において東洋郵船に売却される。この時すでに船齢は 21 才である。その後、インドネシア国内航路用に改装

松永湾に係船中と思われる白山丸
宮崎光男氏撮影 木津重俊氏提供

され回航される。「興安丸」とは異なり、国内のジャワ島ジャカルタを起点にボルネオ島バリクパパン、セレベス島ケンダリ―、セラム島アンボン、ニューギニア島ソロンやビアクなど、インドネシア海域の島々を広範囲にわたって就航する。東洋郵船時代の活躍の記録、資料は探し出せなかった。日本で活躍することがなかったからであろう。

1964 年（昭和 39 年）12 月、日本に回航され翌年の 1965 年（昭和 40 年）初め、尾道市の解体業者に売却され解体される。

# もう一隻の引揚の有名船・高砂丸

起工 1936 年 6 月 9 日　進水 12 月 1 日　竣工 1937 年 4 月 28 日　大阪商船
総トン数 9,315 トン　重量トン 5,903 トン
全長 150.1 m　幅 18.5 m　深さ 11.6 m　主機　蒸気タービン 2 基　12,641 馬力
最高速力 20.158 ノット　航海速力 15.3 ノット

船客定員　1等45名　2等156名
3等700名

基隆航路の本船の先輩格であ
る大阪商船の「高千穂丸」(8,154
総トン 1934年1月竣工) から
振り返る。「高千穂丸」は世界

高千穂丸　(「日本の客船1868-1945」より)

でも類を見ない甲板の舷弧（シアー）を廃止した和辻春樹博士設計の
船であった。ここで、上野喜一郎著『商船の形態』(昭和15年発行)
の船体の形状から引用してみる。現代仮名遣いとして若干表現を変え
ている。

　一般に舷弧のあまりに大きいときは船の美観が著しく損なわれるか
ら、客船では近来なるべく小さくする傾向がある。（略）昭和八年に
建造された高千穂丸は、初めて客室の部分に舷弧を廃している。（略）
従来の船と甚だ趣を異にしている。本船は前述のごとく甲板の梁の反
りを廃したことと相まって、客室の部分では甲板は全く水平である。
従来、嫌われていた甲板の反りは縦横とも全くないわけで、陸上建築
物と全く同じ安定感を与えるわけである。この水平甲板は世界でも最
初の試みとして、船客より多大の好評を博している。これに倣い、前
記の梁の反りを廃した各船はいずれもその部分に於いて舷弧を廃して
いる。

　本船は「高千穂丸」の改良拡大版の位置づけで、一部の曝露甲板を
除いて舷弧とともに「高千穂丸」と同じく、梁矢（キャンバー）も廃
止している。阪神〜門司〜基隆航路で最大で最速の船で、元関西汽船
社長、船舶研究家の是則直道氏は"内台航路の女王"と評している。
また同じ年、同じ建造所で同航路に竣工した近海郵船「富士丸」(9,138
総トン 最高速力19.9ノット）とは、『商船建造の歩み』(三菱造船 昭
和34年刊）によって「ほぼ同大同性能のもの」と記されていて、良き

ライバル関係にあった。1937年（12年）5月10日東京芝浦で盛大な
レセプションを行い、5月20日神戸港を出港し処女航海の途に就いた。

左：高砂丸　右：富士丸（「日本客船の黄金時代1939-41」より）

操舵室　　　　　　　船首正面　　　　　　　2等食堂
いずれも高砂丸（「商船建造の歩み」より）

本船は次のようなスケジュールで運航されていた。

| 神戸 | 門司 | 基隆 |
|---|---|---|
| 12：00発 | 翌日　未明着<br>12：00発 | 2泊して11：00着<br>翌日11：00発 |

　神戸発、3泊4日で途中門司に寄港して基隆着。基隆発は翌日、同
様に3泊4日で神戸に着く。月に3往復のスケジュールであった。他
の船とも合わせて月7〜8回の配船だったという。

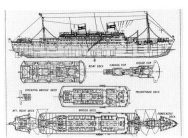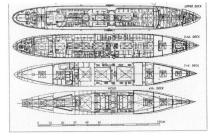

（「図説 日の丸船隊史話」より）

1941年（昭和16年）11月12日、海軍に徴用され病院船となる。
同年12月10日付で連合艦隊に付属、戦傷、船病の輸送と治療に従事。
1942年（昭和17年）11月1日ショートランド泊地で爆撃を受けたが
軽微な損傷で済む。なお、病院船時代についてはネットに詳述されて
いるのでそちらに譲る。

『特設艦船入門』（大内建二著 光人社NF文庫）には下のような病院
船の一覧表が載っている。

日本の特設病院船一覧

| 船名 | 船主 | 竣工 | 総トン数 | 最高速力 | 徴用年月日 | 備考 |
|------|------|------|---------|---------|-----------|------|
| 氷川丸 | 日本郵船 | 1930.4.25 | 11621 | 18.2 | 1941.12.1 | 終戦時残存 シアトル航路に復帰 |
| 高砂丸 | 大阪商船 | 1937.8.15 | 9347 | 20.1 | 〃 | |
| 朝日丸 | 近海郵船 | 1915.9 | 9326 | 17.5 | 1937.8.17 | 1943.11特設運送船に転籍 |
| 牟婁丸 | 大阪商船 | 1927.2.28 | 1600 | 14.5 | 1942.12.5 | 1945.1除籍 |
| 菊丸 | 東海汽船 | 1929.6.25 | 750 | 13.3 | 1945.1.2 | 終戦時残存 |

※病院船「第二氷川丸」は本文で詳細に触れているが、本表には含まれて
いない。また他にも病院船になった船はある。要目など異なるものもある
がそのまま載せる。

病院船時代の高砂丸（「船と港」より）

SCAJAP NOが入っているので戦後。病院船塗装
（「世界の艦船」より）

戦後生き残った代表格の船として前述の是則直道氏は以下の9隻を
あげている。氷川丸（日本郵船）、興安丸、有馬山丸（三井船舶）、聖
川丸（川崎汽船）、高宗丸（大同海運）、日昌丸（東京船舶　前書2
86頁参照）、辰宮丸、辰春丸（新日本汽船）、本船もその中にいた。客

室設備があるのは「氷川丸」、「興安丸」、「日昌丸」と本船の4隻だった。そのためその後、引揚船として大いに活躍する。

有馬山丸

高宗丸
(「海の世界」1955年10月号より)

聖川丸

　前述の『特設艦船入門』には「舞鶴港では高砂丸はシンボル的な存在になっていた」と書かれている。舞鶴港へ入港した引揚船はのべ346隻に及んだが、ほとんどの船が戦時標準船を中心とする貨物船で、客船や貨客船は僅かである。シンボルと言われる所以は、「興安丸」（20回）や本稿の主人公「白山丸」（15回）は引揚事業終盤での入港であるが、「高砂丸」は30回と多く（全船舶の中で最多）、しかも昭和22年5月28日ナホトカから始まり昭和28年10月14日の塘沽からの入港と長きにわたって舞鶴に入っているからである。

引揚船時代の高砂丸 （「船の美学」より）

高砂丸号鐘　舞鶴引揚記念館にて

　引揚船としての任務が終わってから石炭焚で近海用船舶だったため、日本では適当な使用先が見つからない。アメリカやパキスタンへの身売り話が進むが、結局実現しなかった。1952年（昭和27年）12月28日新造船二代目「さんとす丸」が神戸を出港、南米移民の再開である。その前後で移民船改造計画が発表され本船は移民船として改造される予定であったが、国会での審議の中、予算削減となり実現されなかった。翌年因島沖に係船され、3年後の1956年（昭和31年）3月23日大阪

の名村造船に売却、大阪堺港で解体される。

## オリエンタルクインの変遷

オリエンタルクインの表現は一時期ひらがなの頃もあったが、本稿ではカタカナ表記で統一する。ちなみに正式な船名はクイーンではなくクインである。間違っている資料が多々ある。

1936年（昭和11年）、多数の客船を造ってきた英国ハーランド＆ウルフ造船所で誕生する。オーストラリアのマッキンレイス・マッキーカー（McIlwraith McEachern Ltd）社の豪州沿岸航路の客船「カニンブラ」（KANIMBLA）と名付けられる。カニンブラはケアンズ近くの地名である。マッキンレイス・マッキーカー社は、1875年に創業したオーストラリアとヨーロッパを結び貨物、移民運搬と豪州沿岸航路を経営していた。同年6月10日、シドニー～アデレード間の処女航海に出る。夏期の6月からはシドニー～フリーマントル、冬期はメルボルン～ケアンズに就航する。本船は、当時豪州で一番大きく一番美しい客船であった。

　要目は次のとおり

進水 1935年12月12日　竣工 1936
　年4月　建造所　ハーランド＆
　ウルフ造船所
総トン数 10,985トン　全長 147.6 m
　幅 20.2 m
主機関　ディーゼル2軸　8,500
　（10,000）馬力　最高速力 19ノット
　航海速力 17ノット

ファンネルは、上が黒、下が赤　船体は白と黒
木津重俊氏提供

乗客定員　1stクラス 202（203）名　2ndクラス 250名　乗組員 190（160）名

1939年（昭和14年）第二次世界大戦がはじまると、開戦2か月後、

本船は英国海軍に徴用され（オーストラリア海軍となっている資料もある）仮装巡洋艦になる。甲板上には 15.2 サンチ単装砲 6 基、7.6 サンチ連装高角砲 1 基を備え、客船とは思えないほどの迷彩柄や鼠色の船体への変身であった。

海軍時代のカニンブラ　木津重俊氏提供

中国方面、インド洋に配属され、1941 年（昭和 16 年）のペルシャ湾のバンダルシャプール（現バンダルホメイニ）占領作戦では旗艦を務めている。翌年にはインド洋で作戦中の大阪商船「報国丸」「愛国丸」と遭遇した連合軍艦隊を支援するためフリマントルから出撃し、両船と砲火を交えた。この際に「報国丸」はインド洋ココス島沖で撃沈されている。1943 年（昭和 18 年）には兵員揚陸艦に改装され、ニューギニア、レイテ島など太平洋で上陸作戦に参加した。本船が日本軍との戦いに参加していたのは驚きである。のちに日本船籍、それも日本を代表する客船になるとは当時だれも想像していなかっただろうし、日本の客船になってからも過去を知っていた人はごく少数ではなかっただろうか。

戦後 1950 年（昭和 25 年）まで豪州政府により太平洋諸島から本国への復員船等として徴用が続き、客船に復帰する。豪州客船隊のフラッグシップとして活躍する。定員などが下記のように若干変わる。

11,004 総トン　乗客定員　1st クラス 231 名　2nd クラス 125 名
（クルーズ時にはモノクラスで定員 371 名となる）

1961 年（昭和 36 年）船主マッキンレイス・マッキーカーからパナマのメスレル・パシフィック・トランスポート社（パシフィック・トランスポート社）に売却され、これを東洋郵船が長期チャーターすることになる。

同年、川崎重工神戸造船所でイスラム巡礼船に改装する。船名も「オリエンタルクイン」と改め、巡礼船としてインドネシアの運航会社に貸す予定であったが、出港間際になってインドネシアの宗教団体から巡礼に他国の船を使うことはまかりならんと抗議がきて契約が難航。神戸港沖、続いて横浜港沖にしばらく繋留される。その後インドネシア政府にチャーターされ、教徒をイスラム教の聖地ジッダに 3 年間運んだ。川崎重工の改装時のことなど詳細は村井正氏の原稿に譲る。

1964 年（昭和 39 年）、東京オリンピックと海外渡航自由化を見込み、1967 年（昭和 42 年）1 月正式に東洋郵船が 10 億円で購入。パナマ船籍から日本籍とし、川崎重工で日本〜オーストラリア間のクルーズ客船に改装する。その時点でひらがな名「おりえんたるくいん」としたのではいだろうか。ただし、ひらがな名は一時期使用していたが、またカタカナ名に戻したと思われる。東京オリンピックのホテルシップとして豪州やニュージーランドの観光客 400 人を乗せて 10 月 9 日晴海に入港する。24 日まで晴海岸壁につけている。

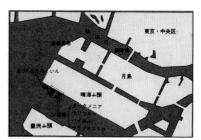

オリンピック船の東京港配置図
本船後ろ 4 隻のソ連船名が載っている
（「世界の船 '64」より）

1969 年の日本船舶明細書などによる要目は次のとおり。

総トン数 11,004.63 トン

全長 150.6 m　垂線長 142.89 m　幅 20.21 m　深さ 10.98 m

主機関　8,500 馬力　最高速力 18 ノット　航海速力 16 ノット

疾走るオリエンタルクイン（「GREAT PASSENGER SHIPS OF THE WORLD 3」より）

絵はがき

東洋郵船ファンネルマーク
（「船舶煙突マーク集」より）

　明細書は総トン数順に並べているので、本船のすぐ下には大阪商船
三井船舶の客船、移民船の「あるぜんちな丸」（のちの「にっぽん丸」）
が載っている。数ある船の中で有名船が続くのが面白い。「世界の船 '64」
には「氷川丸が引退してから 3 年半ぶり、南米航路（移住客船）を除き、
日本のただ 1 隻の外航客船」と紹介されている。

1等食堂

1等サロン

1等カード室

1等特別室　寝室

1等特別室　居間

1等客室
（「世界の船 '64」より）

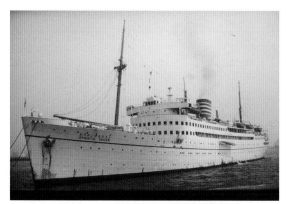

オリエンタルクイン　木津重俊氏提供

　オーストラリアなど太平洋クルーズに就航したのち、小笠原や万博往復などチャーター運航される。1970 年 11 月から 12 月にかけて 4 回のグアム、サイパンを行う。日本船としては初めての試みだった。のちにグアム、サイパンの定期的なクルーズ船となり、12 日間で東京～サイパン～グアムを結ぶクルーズである。チラシには " 日本の大型純客船が初めて就航 " と書かれている。

　昭和 45 年 11 月の日程を表にしてみる。

| 東京 | サイパン | グアム | 東京 |
|---|---|---|---|
| 5日 | 9日 | 10日　　　12日 | 16日 |
| 13：00発 | 09：00着　17：00発 | 08：00着　08：00発 | 10：00着 |

　船がホテル代わりになっていて、サイパンでは 1 日、グアムでは 2 日間滞在できるプランになっている。月 2 回の運航。

　実際クルーズの様子を「日本脱出グアム・マリン・ツアー」オリエンタル・クイン号＜世界初の太平洋実況録音完成＞というレコードジャケットから拾い出しみる。演奏は、寺内タケシとブルージーンズ。製作されたのは 1973 年で LP レコード 1 枚の立派なアルバム、値段は 3,000 円であった。

| 日程 | 運航状況・船内行事・食事など |
|------|------------------------------|
| 第1日 | 11時20分　晴海埠頭を出港　昼食　サンドイッチとコーヒー |
| 2日 | 鳥島沖　曇り波高し　10時30分避難訓練　昼食　中国料理　夜　小笠原諸島通過 |
| 3日 | 太平洋ど真ん中　朝食　和食　夕食　ビフテキ、オニオンスープ、23時時差30分進める |
| 4日 | サイパン島沖通過　20時からゴーゴーパーティー　23時時差30分進める |
| 5日 | マリアナ海域　10時30分戦没者慰霊祭　夕食後アブラ湾の灯が近づく　深夜のため明日下船 |
| 6日 | グアム島上陸　9時30分　用意されたバスで島めぐり　夜　買ってきたウイスキーで大宴会 |
| 7日 | グアム島めぐり　24時グアム島出港 |
| 8日 | マリアナ海域　夕食　ハンバーグ、魚のフライ、スープサラダ |
| 9日 | 夜　仮面舞踏会　社交ダンス |
| 10日 | 夜　素人のど自慢大会 |
| 11日 | 帰港 |

　このジャケットの文章から黎明期のクルーズの手作り感が伝わって
くる。仮面舞踏会やのど自慢大会など楽しい説明が続く。詳細を知り
たい方は現在ネットでも読むことができる。

（「日本脱出グアム・マリン・ツアー」のジャケットより）

　運賃表は次のとおりである。全食事代を含んでいる。

| エコノミークラス | | | ファーストクラス | | |
|------|------|------|------|------|------|
| E | | 69,800円 | BT | ツイン | 119,800円 |
| D | 4人部屋 | 86,800円 | A | 1人部屋 | 129,800円 |
| C | 3人部屋 | 89,800円 | | | |
| B | 2人部屋 | 99,800円 | | | |

この他「スイーツルーム（バス、トイレ付）があります」と書かれている。Eの部屋は、ドミトリーと表記されているものもある。スイーツルームは、上の表記の1行があるだけで実際の料金は書かれていない。

　廃止される年1973年の3月の料金は、上記とは若干異なっている。ファーストクラスは99,800円と統一されてエコノミークラスがツーリストクラストと改称され、2〜4人部屋（B,C,D）は84,800円と同額になり、エコノミー（E）は変わっていない。実質値下げされている。

　会社作成のパンフレットから引用してみよう。

　　　オリエンタルクイン号では船長以下全乗組員がお客様を王様気分に仕立て上げます。東洋一の豪華客船オリエンタルクイン号は世界のどのホテルにも負けないムードと設備を持つ海のホテルなのです。

船内の5シーン　金粉の女性が衝撃的である　（会社作成パンフレットより）

　オプショナルツアーはサイパンで2つ、グアムで6つ設定されていた。その中の一つにグアム・ウエディングセレホニー（原文ママ セレモニー？ グアム島での結婚式）があり、式場は現地の教会でGUAM政府公認の結婚証明書が交付されるというものであった。

　神戸港出入港記録からすると、グアム・サイパンクルーズだけではなく、他にチャーター、クルーズなども行っている。

| | 入港 | | 出港 | |
|---|---|---|---|---|
| 年 | 月日時 | 前港 | 月日時 | 次港 |
| 1970 | 8月11日7：30 | 那覇 | 同日　　17：00 | |
| 1972 | 8月31日13：00 | 小笠原 | 9月1日12：00 | |
| 1973 | 5月22日9：00 | 香港 | 同日　　12：00 | |
| 〃 | 8月5日18：10港外 | 東京 | 8月6日10：10 | サイパン |

　アメリカン・プレジデント・ライン、商船三井客船、和泉海運、ロイヤル・インターナショナル・ラインズなど当時客船を運航していた会社や代理店が加入していた JASTA（JAPAN SEA TRAVEL ASSOCIATION）の一覧表には、東洋郵船の名はなかった。

　1973 年（昭和 48 年）に引退し、横須賀で係船後、同年 12 月 7 日解体のため台湾の高雄に到着し、その後解体された。

　東洋郵船の会社について書かれたものは少ない。ある意味有名人である（ホテルニュージャパン火災の TV ではよく名前が出てくる）創業者、横井英樹氏についての書籍や資料も意外に少ないことに気が付いた。「興安丸」は所有船 3 隻の内では引揚船として有名で、資料や装備品はかなり残されている。最後の引揚船「白山丸」、当時は名の知られた船であったろうし、現在は JR 舞鶴駅内にモニュメントがあるが全国的には知られていない。「オリエンタルクイン」は若い船舶愛好家にとっては船名さえご存じではないだろう。

　よく数奇な運命とか人生とか言うが、横井氏はそれに当たる。また、会社自体もそうであろう。所有船だった 3 隻についても、これまた数奇な人生と言える。本稿では、3 隻に加えて引揚船の代表の一船である「高砂丸」を付け加えた。この 4 隻は戦争に翻弄され、現代の船では想像もできないような苦難な状況に置かれたが、船舶史に名前が残った 4 隻は幸せな船だったのかもしれない。

参考文献
興安丸　33 年の航跡　森下研著　昭和 62 年3月
関釜連絡船史　広島鉄道管理局　昭和 54 年3月
鉄道連絡船　100 年の歴史　古川達郎著　成山堂書店　昭和 63 年5月
関門海峡渡船史　澤忠宏著　梓書院　2004 年 10 月
関釜連絡船　海峡を渡った朝鮮人　金賛汀著　朝日選書　1988 年5月
日本郵船 100 年史　昭和 63 年 10 月
日本郵船 70 年史　昭和 31 年 7 月
創業 40 年を顧みて　笠戸船渠　1959 年 9 月
錬金術師　昭和闇の支配者 4 巻　木下英治著　だいわ文庫　2006 年 7 月
東京海上保安部 30 年史　昭和 53 年
世界の船 '64　朝日新聞
GREAT PASSENGER SHIPS OF THE WORLD 3　Amold Kludas 著　PSL　1986 年
母なる港　舞鶴　舞鶴引揚記念館図録第3版　2022 年4月
船舶煙突マーク集　海上公害研究会　成山堂書店　1982 年6月
日本海汽船 50 年史　平成 2 年 5 月
浦賀船集 60 年史　昭和 32 年
船からみた「第二次世界大戦後から半世紀の神戸港」花谷欣二郎、村井正編集　2013 年 12 月
商船の形態　上野喜一郎著　海と空社　昭和 15 年
日本商船・船名考　松井邦夫著　海文堂　2006 年8月
日本客船の黄金時代 1939‐41　海人社
特設艦船入門　海軍を支えた戦時改装船徹底研究　大内建二氏著　光人社 NF 文庫　2008 年 4 月
輸送船入門　日英戦時輸送船ロジスティックスの戦い　大内建二著　光人社 NF 文庫　2010 年 6 月
第二次大戦残存艦船の戦後　生き残った 150 隻の行方　大内建二著　潮書房光人新社　2021 年 9 月
商船建造の歩み　三菱造船　昭和 34 年
思い出の沖縄　古川正弘著　昭和 61 年 12 月
日本船舶明細書　各号　日本海運集会所
雑誌　世界の艦船各号　海人社
雑誌　船の科学　船舶技術協会
雑誌　海の世界　各号
雑誌　船と港　各号　船と港室

# 日本のクルーズ客船にもなった
# オーストラリアの「カニンブラ号」(KANIMBLA)

村井　正

　戦後に神戸港へ来港した観光船の中では、地味な客船オーストラリ
ア（以下「豪州」という）の「カニンブラ号」（11,004 トン）を覚えて
おられる方は少ないと思います。

　神戸港への初入港は 1958 年 9 月 28 日、豪州から観光客 250 名を乗せ、
第 4 突堤 R 岸壁に入港、4 日程在港し、10 月 2 日香港へ向け出港して
行きました。

　入港した翌日の 29 日（火）船内で本船主催の昼食会が開かれ、兵庫
県、大阪府の両知事、神戸市長を始め在阪の官民代表ら 87 名が出席す
るほど盛大なものであったようです。この当時、神戸港へは数多くの
観光船が入港していましたが、かかる大々的な昼食会を新造船でもな
く、豪華客船でもない、すでに老船の境に入った本船でこれだけの要
人を招き催すのは珍しいことです。

　小職は神戸税関退職後、神戸市の関連協会で神戸港への初入港船や
客船などの歓迎行事の仕事に携わったことがありますが、兵庫、大阪
の両知事を同時にご招待するといったことは全く考えられないことで
した。後々の新聞記事などから記録を見ても、入港のセレモニーに両
知事が同時に招かれたのはこの時が最初で最後のようです。

　なんの特長もない豪州客船に、それも神戸港の外航客船バースとし
ては二流と言ってもよい第 4 突堤の東側北寄りの R 岸壁に繋留。どう
して在阪の要人が百人近くも集まったのか、個人的見解で時代背景を
考えてみました。

　戦後の 1948 年、平和条約締結前に GHQ（連合国総司令部）の許可

を得て、公務員、貿易商人等ごく限られた日本人が海外へ渡航できるようになっていました。太平洋戦争中に日本軍によるポート・ダーウィン（豪州北西の港町）への度重なる空襲、シドニー港への魚雷攻撃、シンガポール陥落後の豪州兵捕虜の取扱いなどなどを受けた豪州だけは「たとえ日本人の海外渡航がGHQにより許可されても豪州だけは拒否する」というほど、戦後の豪州人の対日感情は著しく悪かったようです。講和発効前の1951年末頃、豪州から戦後初めて大麦8千トンを輸入することになり、この貨物の運搬について日本船を使うことに豪州政府をGHQとインド政府が説得し、やっと実現する運びになりました。ところが、日本船が現地の港に着くと、案の定港湾労働組合による日本船への積込作業拒否にあい、その時点でも対日感情は悪しき状態でした。さらに、講和発効後の1952年7月、日本船による豪州定期航路再開第1船は、恐る恐る豪州メルボルンへ向け船出した様子が当時の新聞に載っています。

「カニンブラ号」の神戸初入港は、このようなことがあってわずか5年程。日本は経済発展途上にあったとは言え、欧米諸国から見れば未だ3等国。それが戦勝国の豪州からのご招待とあれば、将来の友好的な日豪関係を構築のためと、多数の要人が先の日本のためと、この本船の昼食会に出席されたのではないかと思います。

　当時、豪州からの観光客が多数来日していましたが、これは1955年ごろ豪州人の作家が日本の文化を紹介した本を出版、これが現地でベストセラーとなり、日本への観光ブームになったと言われています。未だ空路も十分に整備されておらず、かつ運賃も高額であったところから、もっぱら海路による訪日となっていました。日本人が限られた条件で海外渡航を自由化されたのは1964年からで、このような豪州から多数の観光客を「税関監所[※1]」や「乗船官吏[※2]」の時代に見ていて、全く別世界から来られたような感じで羨ましく感じたものです。

さて、「カニンブラ号」は 1936 年、豪州南岸のシドニーとフリマントルを結ぶ航路の客船として英国で建造されました。この航路の客船としては最大の豪華船で、南太平洋の女王として君臨していたようです。1939 年 9 月第 2 次世界大戦が勃発すると、就航から 3 年目の本船は直ちに海軍に徴用され、強力な大砲などで武装した仮装巡洋艦に変身し、英国の中国方面艦隊に配属されました。同船と日本との係わりはこの時から起こりました。

カニンブラ号のポストカード

　当時の事情などを説明しますと、ドイツのポーランドへの侵攻で第 2 次世界大戦が始まりましたが、日本は 1941 年 12 月に太平洋戦争が始まるまでのこの約 2 年 3 か月、日華事変が続いていたものの曲がりなりにも世界的には中立でした。同様の中立国に米国がありました。

　戦争の進行とともに、北米、中南米諸国に在留していたドイツ人が本国へ帰るルートとして大西洋が主交戦場となり、友好国の船もなく、もっぱら太平洋を友好国の船で横断、日本に上陸し、シベリア経由で帰国していました。そのような状況の中で 1940 年 1 月下旬、太平洋航路の日本郵船客船「浅間丸」（16,947）が米国から横浜港へ向けて航行中、房総半島沖の公海上で英国の巡洋艦による臨検を受け、乗船客のうち交戦国ドイツ人で軍籍のあると思われる者 21 名を拉致して行きま

した。この行為は公海上で行われたもので、当時の国際法上合法的なものでした。が、日本の玄関先の野島崎沖の海上で、真昼間に友好的と考えられていた英国軍艦の行為が許されないと、新聞紙上などを利用したプロパガンダで煽り、日本国民を反英運動に傾けたいわゆる「浅間丸事件」が起こりました。

ただ、この事件を当時の新聞から今日冷静に読んでみますと、「浅間丸」がロサンゼルスを出帆した翌日にはドイツ人の船客数や船内での様子が日本の新聞に出ており、同船の動きは把握されていたこと。英国が中立国であっても臨検することがあると警告していたこと。さらに、日本近海には、日本の港へ避難している交戦国のドイツ商船が公海上へ出て来ればこれを拿捕せんものと、英国海軍の巡洋艦や潜水艦が日本近海を遊弋し、しばしば紀伊水道や豊後水道付近で日本商船に発見され、その都度当局へ報告されています。これらのことを考えると、「浅間丸」が臨検されることは予想され、これを護衛するため、あらかじめ演習と称して行動しなかった日本海軍側にも落度があったようにも思います。この事件以降、米国から帰港する客船は、日本海軍が近海まで迎えに行っていることからでも分かります。

話のついでに、日本の港に避難して来たドイツ商船や中立国時代の神戸港の様子など述べますと、ドイツは第1次世界大戦前までは極東地域に中国の青島、南洋諸島などに海軍基地を設けていましたが、敗戦により全く失われ、第2次大戦前に極東地域で自国商船を保護する程の海軍力の持ち合わせがなく、開戦直前になって本国から海外にある自国商船に対し「至急最寄りの友好的な中立国へ避難するよう」指令しました。当時のドイツは世界五位に位置する多数の商船を運航しており、これらのうち友好国日本の港へ避難して来た商船は神戸港の7隻を筆頭に計11隻。これらの商船が公海上に出て来れば、拿捕又は

撃沈すべく英国軍艦が日本近海を遊弋していたものです。神戸港に避難して来たドイツ商船乗組員の大半は 1939 年暮、シベリア経由で帰国しています。これらの商船のうち一番大きな貨客船 1 隻は日本海軍に買い上げられ、航空母艦になったことを知ったのは戦後のことです。

　大戦が突然始まった関係から、神戸港には交戦国の商船が数多く在港していましたが、英国商船は直ちに船体、煙突を灰色の戦時色に塗り替え、船名も塗りつぶしてしまい、さらにたくさんの人夫を雇い、防衛用の土嚢を船橋や無線室の周りに敷き詰めました。

　避難して来たドイツ商船の積荷を降ろすために岸壁付けした時、しばしば交戦国の英・仏商船と隣り合わせに在港することがあったようですが、険悪な様子はあったものの表だって争いになるようなことは起こりませんでした。開戦後しばらくして入港して来る英・仏の商船はほとんどが対潜水艦用の大砲を船尾に装備し、これは防衛用として認められていました。ところが、ある仏客船が船首部にも大砲を付け和田岬に早朝到着、船首に大砲があるものは軍艦ではないかと入港がストップされ、海軍省へ問い合わせとなり、夕方になりやっと商船と認められ入港することができました。

　太平洋戦争が始まって以降は、ドイツ仮装巡洋艦が日本へ来港した記録があります。これらの軍艦は、通常の商船を装い交戦国商船を襲い撃沈、拿捕する通商破壊と自国潜水艦の補給が目的です。1942 年 10 月、横浜港に大西洋、インド洋を渡って来た「トール号」は大歓迎されたと当時の新聞は報道しています。

　その翌月の 11 月、横浜港新港埠頭に停泊中のドイツ海軍補給艦「ウッカーマルク号」で大爆発が発生、同艦はもとより、接舷していた「トール号」さらに附近の日本商船も積まれていた火薬類に誘爆、全焼し、港湾施設も被害を受け、多数の人命と多大の物資が失われた大災害であったようです。

戦時中の神戸港へも、ドイツ仮装巡洋艦「ミヒェル号」が 1943 年
3 月に入港したようです。さらにドイツ補給艦「ハーベルランド号」
(6,334) はこの年の 12 月末紀伊半島潮岬沖で行動中、米国の潜水艦よ
り雷撃を受け、航行不能となり、神戸港からタグボート 3 隻が救援に
向い、曳航して来ました。同艦は船腹に大穴が開いたままなんら修理
されることなく、終戦時に新港第 1 突堤に繋留されていました。戦時
中に神戸税関職員であった関東方面にお住いの先輩が、1980 年代に、
ある雑誌に本船にかかる神戸港での様子を投稿されたのを読んだこと
があります。1946 年 7 月、三菱神戸造船所の乾ドックが完成、その第
1 船で入渠したのが本船です。GHQ（連合軍総司令部）の命令で復旧
工事を行い、運航できるようになりました。敗戦直後のこと、日本国
内は船不足の折から、各船会社は喉から手が出るほど船がほしい時代
でしたが、同船のドイツ製エンジンが日本人には馴染のないもので、
操作が難しいことや故障すればスペアーがないなどの点から、GHQ に
よる入札に応募者は一人もなく、商船として復旧したものの結局運航
されることなく、1950 年頃スクラップとして解体されてしまいました。

　話を「カニンブラ号」に戻しますと、「浅間丸事件」で日本政府は英
国に対して拉致したドイツ人船客の現状回復を要求し続けた結果、事
件後 1 か月程して、これらの船客のうち軍籍とは認められない 9 名を
戻すことになりました。この 9 名を香港から横浜へ運んで来たのが本
船です。同船の最初の日本へのお目見えは、仮装巡洋艦の姿でおこな
われた 1940 年 2 月末のことで、日本は交戦国の軍艦の入港を拒んでい
たので、同船は横浜港内には入らず港外に錨を降ろし、横浜税関の連
絡艇「金川丸」で外務省の職員がモーニング、シルクハットの姿で正
装し、ドイツ人船客を引き取りに行き、引き渡しを終えると「カニン
ブラ号」はすぐにどこともなく出港して行きました。

太平洋戦争時、インド洋上で日本の特設巡洋艦と砲撃戦を交えたことがあります。1943年には兵員揚陸艦に改装され、多数の兵員を乗せ、ニューギニア、レイテ島、リンガエン湾など太平洋の主要な上陸作戦に参加したようです。

　戦後も豪州政府による徴用が続き、本来の豪州沿岸航路に復帰したのは1950年のことです。これから売却されるまでの11年間、豪州客船隊のフラッグシップとして活躍し、豪州の人々に最も馴染深い客船となりました。

　この間、クルーズ客船として日本への来航は、先の初入港に始まり、翌年から春と秋に2年続きで豪州からの観光客数百人が乗船しやって来ました。しかし、この時すでに船齢25年の老齢で、当時日・豪間に就航していた英国P＆O汽船の新鋭で3万トン級客船が相手では集客も難しく、ついに売却されることになりました。

　この船を買ったのが日本です。当時、国鉄連絡船や引揚船として有名な「興安丸」（7,077）を観光船として運航したり、ホテルなど経営していた人物で、本船をインドネシアからサウジアラビアのメッカに向かうイスラム教徒の巡礼船とし一儲しようと企画。1961年2月神戸の川崎重工に入渠し、工費5,500万円かけて1・2等客室を壊して定員約2千人に改装、船籍もパナマとし、船名は「オリエンタル・クイン」と改名しました。

　改装工事は1か月足らずで終わりましたが、イスラム巡礼船として運航するにはインドネシア政府との契約が必要で、この交渉が難航し巡礼期のシーズンに間に合いませんでした。この間、神戸港港外の4区に長らく係船されていましたが、当時の神戸港は繁忙で、同船の繋留が出入港船の邪魔になると港長から異例の出港勧告を受け、その年の5月中旬横浜へ出港して行ったという経緯があります。次の巡礼シーズンから数年間はインドネシアからの巡礼船として働いていました。

1964年4月からのわが国の
海外渡航自由化と、この年に
催される東京オリンピックの
海外からのお客を見越し、次
に本船をクルーズ客船に改装、
さらに船籍を日本籍としまし
た。パナマ籍から日本籍への
船籍変更は輸入行為となり、

国内法が適用されますが横浜港の通関手続きを終えると直ちに神戸港
へ向け出港。

　神戸港では、1人年1回、持出外貨500米ドルの範囲で海外渡航が
自由化されるようになった初めての海外観光である香港、東南アジア
へ向かう日本人約200人を乗せ出港せんとしました。しかし、同船の
乗組員として働く香港系中国人89名が日本で働くための公的書類の手
続きが間に合わなかったのですが、関係官庁の温情ある処置で、辛う
じて出港が許されるといったことがありました。

　東京オリンピックでは豪州、ニュージランドからの観光客約400人
を乗せて帰港。期間中、東京港晴海埠頭に繋留し、ホテルシップとし
て貢献もしました。

　1965年頃、日本には「ぶらじる丸」(10,100)「あるぜんちな丸」(10,863)
「さくら丸」(12,614) の外航貨客船はありましたが、いずれも南米・
太平洋航路の定期船で、この「オリエンタル・クイン」がわが国唯一
の外航クルーズ客船として活躍しました。

　京浜港を基点としてのクルーズ、企業・自治体の洋上研修などに就航、
とくに東京港起点のサイパン・グアムへの10日間程のクルーズは定
期的に廉価な価格で提供され、若い人に好評で多数の人が乗船された
ようです。記録を調べみると、1973年頃に神戸港発着のサイパン島ク

ルーズを催したことがあります。この頃、本船の強敵の競争相手として、香港スワイヤーのクルーズ客船「コーラル・プリンセス号」(9,766) が、日本を基点に、日本人を対象に就航し、集客を奪われ、何分の老船で引退するしかなく、この年の暮れ横須賀に係船されたが、翌年 1974 年台湾で解体され、その生涯を終えました。

本船は、1936 年から 37 年間の長きにわたって、豪州沿海航路客船、仮装巡洋艦、兵員揚陸艦、豪州沿海客船からクルーズ船、かつての敵対国の日本へ買船、イスラム巡礼船、さらには日本国内で唯一の外航クルーズ客船として活躍した功労船で、晩年乗船された若者が、かつて同船の遊歩甲板に日本と交戦した大砲が設置されていた時期もあったことを知っていただろうかと思います。

現在、横浜港に展示繋留されている「氷川丸」(11,625) とほぼトン数も同じで、船型も似ています。この船ですら船齢 31 年で引退。「カニンブラ号」はさらに長きに渡り波乱万丈で生き抜いた珍しい船です。

※1 「税関監所」とは、主として貿易貨物を置くことのできる保税地域との境界の出入口付近に「交番所」と同じような税関監所が設置されていた。立哨、巡回による密輸取り締まりを主な任務とし、神戸港では 1955 年頃の最盛期には 20 か所ほどあった。
※2 「乗船官吏」とは、外国貿易船への貨物の積み下ろし確認、陸と交通者の取り締まりなどを船上で行う税関吏をいう。世界的な制度であったが、日本では数年の監所勤務を卒業した者が従事していた。仕事の合理化で、1967 年頃廃止された。在港中の外国貿易船には船内に必ず乗船官吏室が設けられ、日本郵船の S 型貨物船や三井船舶の M 型貨物船には設計の段階から小さな専用の室が設けられていた。

いずれの「税関吏」の勤務は当直制で、朝出勤し、その配置先を知り、点呼後それぞれの任地に赴いた。監所は 1 ～ 4 人であったが乗船官吏は原則 1 人勤務であった。

# 香川と阪神を結んだ客船の55年
## ─加藤汽船の客船たち─

高松港のぐれいす　よく見慣れた光景であった

三上俊彦氏作成の模型　　上　ちとせ丸　　下　はびねす

加藤汽船の源流は、1877年（明治10年）加藤弥太郎氏が高松市で回漕業を創業したことに始まる。加藤海運商会を経て1937年（昭和12年）、加藤海運と改称（他の資料には加藤海運創立は1928年（昭和3年）4月1日とあり、この年が加藤海運商会創立だったかもしれない）。戦後1949年（昭和24年）10月26日、加藤海運から旅客部門が分離され加藤汽船となる。当時の経営者は、香川二区選出の衆議院議員で第二次田中内閣（昭和47年～48年）では労働大臣を務めた加藤常太郎氏である。

　昭和40年代から50年代は、高松港でいつも「ぐれいす」か「はぴねす」を見かけた。私の中では高松港の日常風景であり憧れでもあった。本稿は、加藤汽船の時代に所有した客船（貨客船も含み、加藤海運所有も一部含む）を就航順に紹介する。その前に、加藤汽船の前身、加藤海運商会の貨客船や貨物船たちの船名が香川県立図書館や西口公章氏のご協力により判明した。

## 加藤海運商会、加藤海運の貨物船、貨客船

まずは、加藤海運商会時代で明らかになったものを表にした。

要目は1尺を30cm換算　建造年は昭和

| 船名 | 船種 | 総トン | 垂線間長・幅・深さm　馬力 | 建造年月 | 建造地 |
|---|---|---|---|---|---|
| 第壱號千代丸 | 貨物船 | 39 | 19.9×5.5×1.3 | 8年10月 | （高松） |
| 第二號千代丸 | 〃 | 56 | 21.6×5.5×1.6　73 | 〃 | （高松） |
| 第三號千代丸 | 貨客船 | 127 | 28.6×6.1×2.5　140 | 9年　6月 | 谷本造船所（徳島） |
| 第五號千代丸 | 〃 | 132 | 27.7　〃　〃 | 〃　7月 | 松浦造船所（福良） |
| 第七號千代丸 | 〃 | 132 | 〃　〃　〃 | 〃　8月 | 川崎造船所（高松） |
| 第八號千代丸 | 〃 | 125 | 27.8×6.1×2.5　〃 | 〃　10月 | 式部造船所（高知） |
| 第十號千代丸 | 貨物船 | 195 | 31.0×7.3×3.4　200 | 10年　12月 | 真砂造船所（高松） |
| 第十三號千代丸 | 〃 | 65 | 21.4×5.5×1.8　66 | 11年　3月 | （岡山・牛窓） |
| 第十二　千代丸 | 〃 | 69 | 24.1×6.1×1.9　73 | 〃　4月 | （高松） |
| 第二十五號香川丸 | 〃 | 68 | 23.9×6.0×1.9　63 | 〃 | 〃 |

すべて木造船である。第七號千代丸の垂線間長は27.8、馬力は150、建造地は高知という資料もある。第十二だけ「號」が入っていない。

以下、詳細な船歴が判明した船たち5隻について紹介する。

第三號千代丸

建造者　加藤海運商会

1938年（昭和13年）社名変更に伴い加藤海運に移籍

1939年（昭和14年）丸亀汽船（丸亀）に売却

1943年（昭和18年）中国運航（神戸）設立に伴い移籍

1944年（昭和19年）2月28日　日本近海汽船（神戸）設立に伴い移籍

1945年（昭和20年）3月14日　大阪港木津川町岸壁にて喪失

1946年（昭和21年）登録抹消


第五號千代丸

建造者　加藤海運商会

1938年（昭和13年）社名変更に伴い加藤海運に移籍

1943年（昭和18年）中国運航（神戸）設立に伴い移籍

1944年（昭和19年）2月28日　日本近海汽船（神戸）設立に伴い移籍

1947年（昭和22年）日本近海機船売却

1948年（昭和23年）1月12日から本船を使用し神戸海洋旅行社が阪神〜答
　島（徳島県）航路開設

1951年（昭和26年）個人（神戸）に売却

1961年（昭和36年）個人（広島音戸）に売却

1968年（昭和43年）松本海商（宇部）に売却

1968年（昭和43年）11月15日　船籍抹消


第七號千代丸

建造者　加藤海運商会

1938年（昭和13年）社名変更に伴
　い加藤海運に移籍

1943年（昭和18年）中国運航（神戸）
　設立に伴い移籍

1944年（昭和19年）2月28日 日本
　近海汽船（神戸）設立に伴い移籍

1951 年（昭和 26 年）佐伯郡高田村（広島県高田）他に売却
1961 年（昭和 36 年）佐伯郡能美町（広島県能美）に移籍
1965 年（昭和 40 年）までに船籍抹消


ちとせ丸

1937 年（昭和 12 年）4 月、大阪の中田造船で進水し 11 月竣工する。発注者
　　は加藤マツ氏で要目は次のとおりである。

総トン数 245 トン　全長 38.1 m　幅 7.0 m　深さ 3.0 m　主機関焼玉 456 馬
　　力　航海速力 10.5 ノット　最高速力 11.8 ノット　船種は貨客船

※後述する「やちよ丸」と同様、発注者は同姓の加藤で、高松となっている。

1943 年（昭和 18 年）中国運航（神戸）設立に伴い移籍
1944 年（昭和 19 年）日本近海汽船（神戸）設立に伴い移籍
1945 年（昭和 20 年）3 月 24 日　東シナ海で空爆（不詳という記録もある）
　　を受けて沈没。同年 11 月 27 日　船籍を抹消

　　この船は、戦後設立の加藤汽船と関係することはなかったが、1957 年（昭
和 32 年）に就航した「ちとせ丸」は、本船の船名を踏襲しているものと思
われる。


恵運丸

総トン数 332.01 トン　全長 42.25 m　幅 7.00 m　深さ 3.66 m
主機関ディーゼル 430 馬力　速力 9 ノット　鋼船
1948 年（昭和 23 年）9 月　三光造船所神戸にて進水
曳船から貨物船に改造
以下不明
1951 年（昭和 26 年）神戸近海汽船（神戸）所属
1954 年（昭和 29 年）八千代汽船（神戸）所属
1956 年（昭和 31 年）加藤海運（神戸）所属
翌年まで所属し、1961 年（昭和 36 年）日本船名録には掲載なし


## 加藤汽船の客船たち

ここから加藤汽船に所属した客船（貨客船も含む。一時期所属も含む）

を就航順に取り上げ生きざまを紹介していく。前述のように加藤汽船は、加藤海運から客船部門が独立したものであるが、しばしば加藤海運と表記されている資料も多い。

## 1 やちよ丸

1936年（昭和11年、大阪の中田造船で進水する。他の資料では1937年（昭和12年）12月建造となっている。発注者は加藤シケ（シゲ）氏で、要目は次のとおりである。

　総トン数271トン　全長39.6 m　幅7.0 m　深さ3.0 m
　主機関焼玉380馬力　航海速力10.8ノット　最高速力11.8ノット　船種は貨物船

　発注者は加藤と同姓で、しかも高松となっているので、加藤海運の運航であった可能性が高い。

　太平洋戦争が始まると、1941年（昭和16年）12月20日第34掃海隊に属し、瀬戸内海と豊後水道の警戒に当たった。1943年（昭和18年）中国運航（神戸）設立に伴い移籍。1944年（昭和19年）日本近海汽船（神戸）設立に伴い移籍。終戦ののち1945年（昭和20年）11月29日除籍となる。昭和21、22年度日本船舶明細書には日本近海汽船所属となっていて、船種は客船である。1950年（昭和25年）7月29日社名変更に伴い、日本汽船（神戸）に移籍。1952年（昭和27年）4月加藤常太郎（神戸）に売却され、同年八千代汽船（神戸）に売却され「八千代丸」と改名される。1954年（昭和29年）再び「やちよ丸」と改名し、翌1955年（昭和25年）加藤海運（神戸）に売却される。主機をディーゼル470馬力に換装。68頁昭和27年5月1日の時刻表から考えると、前後で所有者が転々とするが1952年（昭和27年）4月からは実質、加藤汽船（加藤海運）が運航していたと考えられる。大阪〜香川の各港に寄港する航路に就航し、旅客定員が2等27名、3等169名の客船であった。1960年（昭和35年）4月、客船から貨物船に改造、坂出、

丸亀、観音寺〜大阪間の定期船となる。1963年（昭和38年）6月加藤海運から個人（船籍は観音寺）に売却されるが、それまでと同様に加藤海運がチャーターしていた。

　船名録などによると、昭和40年度個人所有（香川・池田）、43年度上村組（鹿児島・川内）、個人所有（観音寺）、45年度個人所有（観音寺）、そして昭和47年度除籍されている。いずれも船種は貨物船となっている。本船と次の「葵丸」の船歴は主として西口公章氏の調査を基にしている。

　ここで、本船をはじめ共正海運にも関係する（136頁）日本近海汽船について簡単に説明しておこう。太平洋戦争中、政府は船舶運営会を設立し商船を統括していたことはよく知られている。大型船のみならず小型船も運航を目的とした統合を要請し、近海運航、中国運航、四国汽船運航等が設立され運航実務者に指定された。しかし自社所有でなかったため統制できず、強化するために現物出資、強制買い上げを指示し、所有者の一本化を要請。この要請を受けて1944年（昭和19年）2月28日、戦時運航体制緊急整備要領に基づき同じ神戸に本拠を置く近海運航と中国運航が合併して日本近海汽船（小型船72隻、48,000重量トン）が誕生。この会社が戦後、外航船運航会社となり川崎汽船系列の日本汽船の源流となる。後に同系列の太洋海運と合併し、太洋日本汽船（2018年ケイラインローローバルクシップマネージメント株式会社に改称）となる。現在は、川崎汽船のグループとして船舶管理を主要な業務としている。


## 2　葵丸

　1935年（昭和10年）4月、丸辰海運（本社神戸）の貨物船として占部造船所で進水する。要目は次のとおり。

　総トン数358トン（390.92トン）　全長39.93m　幅7.92m　深さ3.66m

主機関　セミディーゼル 270 馬力
（360　530）　速力 11 ノット

約 1 年後には昭和鉱業（本社
東京）所有となる。1941 年（昭
和 16 年）12 月 20 日、海軍特
設掃海艇となり南中国広東を基
地とする第二遣支艦隊に入り、

宮崎光男氏撮影

珠江方面で使用される。1940 年（昭和 15 年）には兵員輸送にもあたる。
「やちよ丸」と同様、第 34 掃海隊に属し、豊後水道北部の掃海にあたる。
1943 年（昭和 18 年）には、九州の油津や静岡県清水にも回航された
こともあった。

　1945 年（昭和 20 年）3 月 18 日、高知県宿毛沖で空爆により小破、
同年 11 月 19 日除籍。その間所有者は近海運航に。1944 年（昭和 19 年）
2 月 28 日には「やちよ丸」同様、日本近海汽船設立に伴い移籍。1952
年（昭和 27 年）4 月に加藤常太郎氏（神戸）に売却される。定員 2 等
79 名（70 名）、3 等 156 名（157 名）の客船に改造されたのではない
だろうか。

　その後、八千代汽船（神戸）に移籍し再び日本近海汽船に移籍するが、
「やちよ丸」と同様に実質は加藤汽船の客船として運航していたと思わ
れる。それ以前の 1948 年（昭和 23 年）2 月 5 日 18 時、大丸百貨店な
どが主催し "デパート船" として神戸中突堤を出港。本船には女性店
員など 70 人余りが乗り組み、2,000 万円以上の商品を載せて徳島、草
壁、丸亀、観音寺、今治など 10 日間で巡る予定であった。しかし途中
で計画を中止して神戸に戻ったらしい。この時点では、関西汽船となっ
ていて用船だった可能性が大きい。

　昭和 27 年（1952 年）5 月 1 日改正の時刻表は次のようになっている。
就航船は「あおい丸」（葵丸）と「やちよ丸」である。

|     | 大阪 | 神戸 | 高松 | 坂出 | 丸亀 | 観音寺 |
|-----|------|------|------|------|------|--------|
| 下り | 18：00発→ | 21：00発→ | 5：00着 | 8：30着 | 9：30着 | 12：00着 |
| 上り | 7：30着 | 5：30着 | ←21：00発 | ←18：00発 | ←17：00発 | ←14：00発 |

草壁　奇数日寄港　土庄　偶数日寄港

運賃表

|     | 高松 | 坂出 | 丸亀 | 観音寺 |
|-----|------|------|------|--------|
| 2等 | 450円 | 520 | 520 | 580 |
| 3等 | 230 | 260 | 260 | 290 |

神戸、大阪間の設定はない

　1963年（昭和38年）7月、個人所有（観音寺市）になり貨物船に改造。阪神〜四国方面の雑貨輸送。その後、昭和43年度日本鋼船船名表では大八洲海運（松江市）所有で「第三大八州丸」と改名されていた。1971年（昭和46年）解体。

　やよい丸、葵丸については幾つかの情報が錯綜していて実際のところ事実を断定できない。ただ、昭和27年の時刻表にははっきりと両船の名前があるのでそれは動かない事実である。


### 3　ちとせ丸

会社作成絵はがき

（会社作成パンフレットより）

要目
起工 1956年10月12日　進水 1957年2月4日　竣工 3月25日
佐野安船渠建造
総トン数 491.86トン　全長 49.629 m　幅 8.5 m　深さ 3.7 m
主機関　ディーゼル750馬力　最高速力 14.4ノット　航海速力 12ノット
旅客定員　1等73名　2等296名

四国新聞の昭和32年3月31日付
では「新造豪華船ちとせ丸就航」と
大文字での広告が載り、"内海航路
唯一の冷暖房完備"と謳われている。
また船名の募集をして船名が決まっ
たように書かれているが、本船「ち

ちとせ丸　会社作成写真

とせ丸」の船名は二代目である。おそらく船名募集をする前から決まっ
ていたのではないかと推測する。戦前に同名の船がいたがそれは前述
した通り。なお、会社名は加藤海運となっているが、加藤汽船がすで
に出来ていたので、海運が日常的に使われていたのかもしれない。「ち
とせ丸」は「葵丸」「やちよ丸」と組んで就航し、のちに「やちよ丸」
の代わりに「はぴねす」と、最後は1963年「ぐれいす」の登場により
予備船のような形で就航していた。この時代、西讃地方の人々は阪神
地区に行くには、まず高松まで出て宇高連絡船、次に岡山まで宇野線、
それから山陽本線と乗り継いでいく。それに比して船は乗り換えもな
く一晩寝れば朝大阪に着く、すぐに仕事に取り掛かれるので仕事関係
の客も多かった。中には中学校を終えて就職で上阪する子どもたちも
いたという。

　1965年（昭和40年）8月20日正午、阿波踊り観光貸し切り船第1
陣として、本船は団体客や家族連れ約200人を乗せて神戸中突堤から
徳島向けて出港する。18時には徳
島着。翌21日0時徳島を出港し
て6時に神戸着という船中泊の旅
行。第2陣は、その日の正午出港。
今で言うゼロ泊で行く阿波踊り観
光ツアーというところである。こ
の頃の数年間の正月には、後述す

係船中のちとせ丸
1975年6月8日長崎港　西口公章氏撮影

る「ぐれいす」とともに増便として22時同時に高松出港を出港し、一方は直通で阪神に、もう一つは土庄経由で阪神にという使われ方もした。

1967年（昭和42年）5月30日7時30分に神戸中突堤に入港して停泊中の本船に出港しようとした徳島商船（阿南市）の貨物船「大和丸」（491トン）が追突し、「大和丸」は船首に穴があき、「ちとせ丸」は後部デッキがへこんだが怪我人はなかった。

1980年（昭和55年）「エイシア・チャイナ」（ASIA CHINA）と改名、フィリピンに売却される。その後、「エイシア・インドネシア」と改名されたという。

エイシア・チャイナと改名
1975年10月5日　西口公章氏撮影

## 4　はぴねす

次に就航した「はぴねす」は、後述するように斬新で画期的な客船であった。

起工 1960年4月16日　進水8月14日　竣工9月15日

佐野安船渠建造　国内旅客船公団（のちの船舶整備公団）の共有船　船価1億7,000万円

総トン数724.80トン　全長57.9m　幅9.2m　深さ3.9m

はぴねす（会社作成パンフレットより）

主機関　ディーゼル1400馬力　最高速力15.88ノット　航海速力13.5ノット

旅客定員　1等特別室7名　1等129名　特別2等97名　2等208名　ベランダ12名　談話室16名　レスティングルーム6名　合計475名

## 後の旅客定員

| 等級室の定員 | 各室数とその定員 | | | |
|---|---|---|---|---|
| 特等室7名 | 家族室1室　計2名 | 個室1室　計1名 | 特別室2室　計4名 | |
| 1等室86名 | 個室4室　計4名 | 洋室7室　計56名 | 和室2室　計26名 | |
| 2等室430名 | 特別2等A室43名 | 特別2等B室97名 | 2等室　274名 | 2等洋室16名 |
| 公室50名 | 展望室12名 | 談話室16名 | 喫煙室6名 | 食堂16名 |

但し　1等洋室ベッド数52　、1等和室　発売定員20名、　特別2等A室　発売定員28名

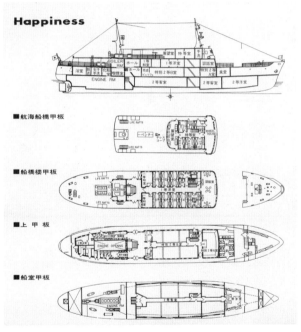

特2等室　　　　　　　　　　　展望室　　　　　　　　　エントランス

「ちとせ丸」と本船で組まれていた時の時刻表である。以前は奇数日偶数日で小豆島草壁港か土庄港に寄港していたが、この時刻表では土庄に統一されている。

| | 大阪 | 神戸 | 土庄 | 高松 | 坂出 | 丸亀 | 観音寺 |
|---|---|---|---|---|---|---|---|
| 下り | 21：00発→ | 23：00発→ | 4：20着 | 5：30着 | 7：30着 | 8：20着 | 11：00着 |
| 上り | 7：00着 | 5：00着 | ←23：00発 | ←22：00発 | ←19：30発 | ←18：30発 | ←15：30発 |

上り便　奇数日ちとせ丸　偶数日はびねす　下り便　奇数日はびねす　偶数日ちとせ丸

大阪・神戸からの運賃

| | 土庄 | 高松 | 坂出 | 丸亀 | 観音寺 |
|---|---|---|---|---|---|
| 1等特別個室 | 1,550円 | 1,595円 | 1,730円 | 1,730円 | 1,910円 |
| 1等特別室 | 1,350 | 1,395 | 1,530 | 1,530 | 1,710 |
| 1等個室 | 900 | 930 | 1,020 | 1,020 | 1,140 |
| 1等洋室 | 750 | 780 | 850 | 850 | 950 |
| 1等和室 | 600 | 620 | 680 | 680 | 760 |
| 特別2等A | 510 | 530 | 580 | 580 | 650 |
| 特別2等B | 450 | 470 | 510 | 510 | 570 |
| 2等 | 300 | 310 | 340 | 340 | 380 |

部屋の名称　1等特別個室：めのう　1等特別室：ひすい　さんご　こはく
坂出、丸亀は同一料金　「はびねす」には下記の特別料金が加算された。
1等和室、特別2等 50円　1等個室200円　2等和室、2等洋室100円
1等特別個室、1等特別室300円

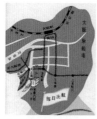  

大阪のりば　木津川大浪　　大浪橋下　現在ののりば跡　　神戸のりば　兵庫区島上町

大阪のりばは木津川大浪橋下で、弁天ふ頭に移るまで使われる。神

戸のりばは「はぴねす」が就航してほどなく中突堤に変わったと思われる。現在の大阪のりば付近の様子は写真のようになっている。この大きさの川に800 tの「はぴねす」がよく入ってきたものだと思う。中突堤前の神戸のりばは、現在埋め立てられていて分からなかった。

　1960年（昭和35年）9月22日14時から神戸中突堤において本船が披露される。「はぴねす」という「丸」が付かず英語をひらがなにする船名は、このクラスの船ではおそらく日本で初めてのもので、セミアフトエンジンの煙突なしに見える船容と相まって非常にユニークな船であった。完全冷暖房、防音装置、マジックドアと豪華な船内で、船橋楼甲板の談話室の後ろには上等級用の浴室が、またその下の上甲板には2等用の浴室もあった。小粒ながら当時の関西汽船「くれない丸」にも引けを取らない設備であった。高松〜土庄間、大阪〜神戸間には3人のスチュワーデスを配置して船客サービスにあたった。同年10月6日第1便が出港する。本船は就航当時、船首と船橋の間に貨物艙（254.82㎥）とデリックを持っていて、正確には貨客船であった。のちに両方とも撤去される。

　雑誌「船の科学」小林義秀氏レポートによると、「二等寝台室はちょうど水線部に位置するため小豆島着岸時、寝ている耳に「ガコーン、ゴン」と着岸の音が聞こえた」とある。この記述は「ぐれいす」に乗船した時のものだが、筆者も「はぴねす」の2等寝台で同じ経験をした。

　1970年（昭和45年）5月22日午後7時15分ごろ、高松港に向かっていた本船に小豆島沖で後方から松島海運の石炭運搬船「松瑞丸」（2,900トン）が衝突。右舷の上部デッキが長さ3.5 m深さ30 cmにわたって壊れ、船客169人のうち11人が負傷する事故であった。船客の中には万国博覧会見物を終えた電気会社の招待客も含まれていたという。

　1986年（昭和61年）4月、後述する「はぴねす2」と交代し引退、同年9月解体される。

## 5 ぐれいす

ぐれいす絵はがき　両方とも会社作成

２枚とも会社作成リーフレット　　デッキガーデンを望む

　「はぴねす」同様、セミアフトエンジンの煙突とクルーザースターンをもつ美しい船体の「ぐれいす」は、公室や設備についても新機軸をもつ客船であった。水産庁水産工学研究所（現大阪大学名誉教授）梅田直哉氏は雑誌「LAMER」1995年3、4月号で「『ぐれいす』は形態に無駄がなく、船橋甲板上のスカイルーム（展望室）の天井ドームが煙突に代わるアクセントをあたえている」と述べている。
　次に要目を記すと、
　起工 1963年2月12日　進水5月9日　竣工7月20日
　三菱造船下関造船所建造　船舶整備公団の共有船　船価3億5,000万円
　総トン数1060.07トン（1,056.87トン）全長64.245m　幅10.00m　深さ4.10m
　主機関　ディーゼル2400馬力　最高速力16.89ノット　航海速力15.6ノット
　旅客定員　特別1等12名　1等（洋）102名　1等（総）48名　1等（和）
　　52名　特別2等117名　2等252名　2等寝台24名　※1等総室と称される船室があった。和洋室のことだろうか。
　スカイ・ルーム24名　グリーン・ルーム4名　ゴールデンルーム40名

2等食堂26名　　合計701名

後の旅客定員

| 特等室12名 | 家族室1室計2名 | 個室　1室計1名 | 特別室3室　計9名 | |
|---|---|---|---|---|
| 1等室166名 | 個室3室計3名 | 洋室11室計99名 | 和室5室計64名 | |
| 2等室529名 | 特別2等A室117名 | 特別2等B室82名 | 2等室　306名 | 2等洋室24名 |
| 公室94名 | スカイルーム24名 | ゴールデンR40名 | 2等食堂26名 | 予備室4名 |

但し1等洋室ベッド数83、1等和室　発売定員36名、特別2等　発売定員A室65名　B室60名
総計801名

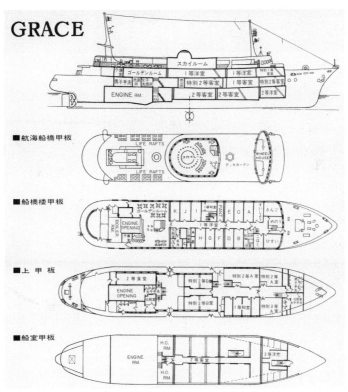

船橋楼甲板の後部（白紙部分）はかつて遊戯室があった。
のちには船員室に変わっている。

華やかなスカイルーム　　　　あかるい２等食堂　　　　花いっぱいの２等客室

デッキガーデン（「世界の船'64」より）　　特別客室　自動温度調節器・テレビ・船内電話

会社の作ったチラシから紹介しよう。

GRACE 日本で初めての７つのアイデア

1　科学の粋を集めた不沈構造

　たとえば、万一の事故で客室に浸水がおきた場合、その部屋を操舵室からの遠隔操作によって密閉する水密扉が完備され、この装置によって他の部屋への浸水を防ぐという画期的な設備がほどこされています。

2　空とぶスリル！ウイングテーブル

　航海船橋甲板後方に電気操作でうごく、扇形のウイングテーブルを新しく設けました。白い波の上に突きだしたウイングテーブルからのすばらしい眺めは翼の名にふさわしい爽快なスリルを与えることでしょう。

3　ハワイアンムードのスカイルーム

　中央に配した噴水を円形のテーブルが囲み、ご自由にお茶やお酒が楽しめる、クールなムードをたたえた社交室です。回転椅子よりごらんになる内海の景色、キラキラ輝く星空の眺めは、船旅ならでは味わえない楽しさです。

4　噴水と花いっぱいのデッキガーデン

　四季の花々と噴水の美しいコントラストは、しばし船上にいることを忘れさせてくれるでしょう。

5　エレクトーンの楽しめるゴールデンルーム

　船の中央、気品あるガラスブロックの壁面がライトに映えて華やかに輝き、スチュワーデスの演奏する音楽が流れる豪華で楽しい社交室です。

6　船で最初の二等寝台

　客船では、はじめての低料金で、快適な広くゆったりとしたベットを用意しております。

7　スチュワーデスの行き届いたサービス

　＜ノーチップ制＞とともに美しいスチュワーデスによるサービスはきっと皆さまのご満足がいただけることでしょう。

　上記の1～7について補足していくと、2等客室中央部に隔壁を作りスルースドアを設け、操舵室から操作できるようにした。船橋甲板には耐蝕アルミ合金を使用して重心の上昇を防いでいる。「はぴねす」に比べて船橋が一段低いのも、トップヘビーを防ぐためだったと思われる。ウイングテーブルは航海船橋甲板後部に両舷に設置された半径2mの扇型テーブルで、電動で舷外の海上に張り出し乗客にそう快感を味わってもらう装置であった。当時から現在までこういうアクティビティは皆無で、ユニークなものであった。稼働は初期の頃だけではなかっただろうか。

　スカイルームは天井部に円型ドームを設けて、カバーは空気圧により開閉でき、星空を見ることができるもので、この設備も内航客船としては空前絶後のものであった。当時、外航客船の「オーシャニック」（34,000総トン　1965年建造）は天井がオープンするというので驚いた記憶があるが、それ以外当時存在していたのかどうか分からない。航海船橋甲板のスカイルームと操舵室の間にデッキガーデンを設け、中央部の噴水は3色（赤、青、緑の3色の自動点滅）の照明灯で交互に照らすようになっていた。余談であるが、加藤汽船の系列会社、宇高国道フェリー（92頁）のフェリー船内に噴水設備があり、待合室にも備えられていた。また、船内にはたくさんの造花が飾られていて印

象的であった。ゴールデンルームは、クリスタルガラスを用い積み上げの装飾壁にする。ハモンドオルガン、テレビを設置し、ダンスフロアーも作られている。１等以上の食堂として使用され、右舷後部の一角にブラック・バーを設けた。

　２等洋室として二段寝台12台を設け天井は吸音ボード貼りとした。２等寝台は会社が宣伝するように「はぴねす」に続くもので、加藤汽船の特長であった。スチュワーデス配置（高松〜土庄と神戸〜大阪間）も加藤汽船の特長としていて、系列会社の宇高国道フェリーでもズラリと並んだ女性たちの写真が印象的であった（「前書１」163頁　本書116頁）。その他にも、本船の新機軸としてスチームバス２室、特別１等室に電動移動式ベッドを備えダブルベッドとして使用することもできた。木甲板と手すりには、チーク材を使用したほか数々のその当時の新しい建材を使っていた。これほどまでに新しい試みをした客船を知らない。知れば知るほど面白い客船であった。関西汽船は、当時「くれない丸」型や「すみれ丸」型と従来にはない客船を就航させていたが、これを意識して建造されたものではないだろうか。規模は小さいが、関西汽船とは競合するライバル会社であった。詳細な一般配置図を見ると、船客の部屋は公室も含め充実していた。しかし職員６名、部員34名の乗組員室は、船長室、１等航海士室を除き、75頁図の上甲板の機関室後ろには航海士の部屋や船員食堂がある。もう一つ下の船室甲板、２等客室の前（船首部分）には給仕やスチュワーデスの部屋、機関室の後ろは船員室など詳細な一般配置図から見ても狭く、振動も大きい劣悪な環境ではなかったかと想像する。

　加藤汽船の大阪のりばは、それまでは木津川大浪にあったが、1965年（昭和40年）７月１日弁天ふ頭（当初は新内港のりばと称していた）ができてからはそちらに移る。海側から見て、左手に赤の下地に白抜きの文字の看板塔の加藤汽船、右手には青の下地に白抜きの文字、関

西汽船の看板塔があり、この二つの塔は弁天ふ頭のシンボルで存在感があった。

活況だった弁天ふ頭
（「PORT OF OSAKA」より）

終了後多数の台船で埋められている。
栖原信裕氏撮影

ターミナルあとの現在
塔も撤去、残ったビルも解体を待っている

ターミナルは地下１階、地上３階建ての鉄筋コンクリート造りのビルで、両社の事務所や待合室の間には飲食店や土産物屋が軒を連ねていた。少年の頃、夕刻高知港で関西汽船「明石丸」に乗船して、朝方弁天に着いて見た光景は"都会の賑わい"そのものであった。

神戸発着は中突堤であるが、下の地図は矢印が海側から見て右手の岸壁を指している。この時刻表より後のものも同様である。私がいつも利用したのりばは、海から見て左手であり違和感があり。印刷ミスではないだろうか。

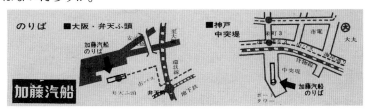

時刻表は弁天ふ頭に移ってからのものである。当時は、「はぴねす」
「ちとせ丸」（日曜日便、増発便に使用）と本船3隻が運航していた。「ぐ
れいす」が就航してから、今まで寄港していた坂出、丸亀、観音寺が
廃止され、高松止まりになった。冒頭で書いたように昼間、高松港で
停船した「はぴねす」か「ぐれいす」を見られるのが日常となっていた。

昭和44年ごろの時刻表　昭和41年には増発便の記載はない

下り便

|  | 大阪発 | 神戸発 | 土庄着 | 高松着 |
|---|---|---|---|---|
| 昼便 | 14：30 | 16：00 | → | 20：20 |
| 夜便 | 21：30 | 23：00 | 3：30 | 4：50 |
| 日曜日 | 6：30 | 8：00 | → | 12：20 |
| 増発便 | 21：50 | 23：40 | 4：30 | 5：50 |

上り便

|  | 高松発 | 土庄発 | 神戸着 | 大阪着 |
|---|---|---|---|---|
| 昼便 | 14：10 | → | 18：30 | 20：00 |
| 夜便 | 22：00 | 23：20 | 4：20 | 6：00 |
| 日曜日 | 7：20 | → | 11：40 | 13：10 |
| 増発便 | 12：00 | 13：30 | 18：10 | 19：40 |

運賃表　高松〜阪神間　　　　　　　　　　　　　　　　　単位は円

| 特等 | 特等 | 特等 | 1等個 | 1等洋 | 1等和 | 特2A | 特2B | 2等寝 | 2等 |
|---|---|---|---|---|---|---|---|---|---|
| 5,000 | 2,630 | 2,500 | 1,720 | 1,460 | 1,080 | 960 | 720 | 940 | 550 |

特等の3種類は、左端から（部屋の名称こはくダブルベッド2人定員）（めのう、こはく　シング
ルベッド1人定員）（さんご、ひすい、すいしょう　シングルベッド2人定員）となっていて運賃
が異なっている。
土庄〜高松間は2等と特2Bの料金設定があり、大阪〜神戸間の料金設定はない。

　本船が就航する前には、地元紙に新聞広告を出し、一般公開を3か
所で開いている。高松築港第二桟橋7月25日16時〜22時、7月26
日10時〜14時まで丸亀東築港、同日15時〜21時まで坂出築港となっ
ている。先着1,000名に粗品進呈。広告の下には、日本で初めての7
つのアイデアとして、①科学の粋を集めた不沈構造　②空走るスリル！

ウイングテーブル　③ハワイアンムードのスカイルームで外遊気分
④噴水と花一杯のデッキガーデン　⑤フレッシュで美しいスチームバ
ス　⑥船で最初の二等寝台　⑦家族で楽しめる遊技場　と書かれてい
る。76 頁の１〜７と重複するので省略するが、遊技場とは船橋楼甲板
ゴールデンルーム後方デッキの輪投げ場のことだと思われる。

　1963 年（昭和 38 年）８月１日、神戸中突堤を 22 時（前頁の時刻表
よりも１時間早い）出港し、高松に５時 30 分着でスタートする。実は、
前日の午後まで関西汽船の観光便に比べて料金が 220 円安いとして海
運局が許可を出さなかったという。関西汽船と加藤汽船の確執には触
れないが、以前から存在していた。就航に際してもう一つ驚くべきこ
とがある。８月１日〜９月 30 日の２か月間の乗船者の中から抽選で１
名に日産ブルーバードが当たるという。当時の自動車１台の価格はい
くらだったか、現代では景品表示法からもあり得ない賞品である。小
豆島住民にとっても以前よりも“より快適な”上阪の方法として、関
西汽船だけでなくもう一つ選択肢が増えたことになる。

　また加藤汽船は他の会社と同様、「ちとせ丸」「はぴねす」「ぐれいす」
で貸切船をしていた。下のチラシは、「はぴねす」と「ぐれいす」のも
のである。大阪湾一周や阪神と淡路島、小豆島の日帰り観光コースな
ど（午前８時から午後８時まで）実施している。

本船も時が経つと新機軸で豪華な設備も古くなっていく。下の写真
は、四半世紀後の昭和62年12月9日撮影されたもので、藤崎英彦氏
著「船のアルバム」からである。

　　　ゴールデンルーム　　　　　スカイルーム　　　　1等洋室　　　1等和室

　スカイルームは竣工時とは雰囲気が変わりスナックとして利用され、
2等食堂は土庄行の2等客室に転用されていた。1等洋室、和室ともに
1等のメリットを感じさせない定員の多い船室である。
「はぴねす」同様「ぐれいす」も比較的事故は少なかったが、神戸新
聞には次のような事故が記録されている。
　1965年（昭和40年）2月14日12時20分ごろ、中突堤から大阪に
向かおうとした本船が高浜岸壁に停泊中のデンマーク貨物船「オルガ
　マースク」（6,591トン）に接触。本船は船尾に、「オルガ」は船体
中央にへこみができた。双方にけが人はいず、本船は大阪に向かった。
1971年（昭和46年）5月19日14時15分ごろ、中突堤に停泊中の関
西汽船「あわじ丸」に追突。「あわじ丸」は船尾がへこんだが、乗客乗
組員は無事であった。
　1990年（平成2年）5月19日、本船は約27年間にわたっての最後
の航海を終え中突堤に入港する。そして、最終港の弁天ふ頭に向けて
出港していった。同年インドネシアに売却され、「リサⅠ」（Lisa Ⅰ）
と改名される。


　6　はぴねす2
1986年（昭和61年）4月から引退した「はぴねす」に代わって、

大阪〜小豆島〜高松に客船「はぴねす2」が就航した。元は東海汽船「ふりいじあ丸」で、加藤汽船が購入したものである。まずは、東海汽船時代の「ふりいじあ丸」から振り返ってみよう。

ふりいじあ丸竣工記念絵はがき　　　　　　　　東海汽船絵はがき

ふりいじあ丸　両方とも会社作成

起工 1970 年 10 月 29 日　進水 1971 年 2 月 9 日　竣工 6 月 2 日
田熊造船（現 内海造船）建造　船舶整備公団の共有船
総トン数 2,286.3 トン（2361.27 トン）　全長 84.17 m　幅 13.00 m　深さ 5.7 m
主機関　ディーゼル 3,000 馬力 × 2　最高速力 19.519 ノット　航海速力 17.0
　ノット
旅客定員　1 等 4 名（洋）× 26 室 102 名、7 名（和）× 2 室、8 名（和）× 2 室、
　12 名（和）× 1 室
特別 2 等 147 名、98 名　2 等 203 名　19 名　旅客定員 613 名

　先輩格の「かとれあ丸」と同一主要寸法で、東京〜三宅島〜八丈島航路に就航する。「かとれあ丸」は沿海航路であったが、本船は八丈島航路、近海航路資格であるから、耐航性、復元性の向上を図る。アンチローリングタンクを装備し、船首部にはアンチピッチングタンクも配置する。一般配置図を見ても、食堂（スナックルームと称した）、娯

楽室（一番下の薄い色で示された箇所）、売店があるだけで公室らしきものは見当たらず、寝るためのキャビンがあるだけの船である。

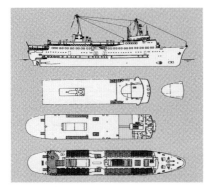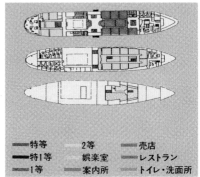

━━ 特等　　━━ 2等　　━━ 売店
━━ 特1等　　━━ 娯楽室　　━━ レストラン
━━ 1等　　━━ 案内所　　━━ トイレ・洗面所

　1971年（昭和46年）7月1日、東京〜三宅島〜八丈島航路に就航する。就航を知らせるパンフレットには次のように書かれている。

　東京＝三宅島＝八丈島航路にニューフェイス "ふりいじあ丸" が就航します。総トン数2300トン、最大速力19.4ノット。スピードもぐんとアップされました。優美なラインの船体はもちろん、船内にもフリージアの気品あふれるふん囲気がいっぱい。30室もある豪華な個室　─広い窓にかこまれたスナックルーム、デラックスな設備─　まさに海を走るホテルを思わせます。新しい魅力がたくさん加わった "ふりいじあ丸"。さあ、おでかけください。快適な船旅へ。

このパンフレットの中で次の個所が気になった。

　船酔いの心配がありません
　アンチ・ピッチング・タンク（たてゆれ防止装置）、アンチ・ローリングタンク（横ゆれ防止装置）と船尾につけたヒレによってゆれをなくしました。

「船尾につけたヒレ」とは、いったい何だろうか。当時の技術雑誌を読んでも、ヒレらしきものの記述は出ていない。この説明は「かとれあ丸」のパンフレットにも同様の記述が出てくる。

ダイヤは次のようになっている。

|  | 東京 | 三宅島 | 八丈島 |
|---|---|---|---|
| 下り | ２２：３０発→ | ５：００着<br>５：４０発→ | ９：２０着 |
| 上り | ２１：００着 | １４：１０着<br>←１４：５０発 | ←１０：３０発 |

「すとれちあ丸」（3,709 総トン　1978 年 4 月竣工）が就航すると、東京～神津島航路に転じる。のち、加藤汽船に売却される。「はぴねす」の引退にともない、代わりに 1986 年（昭和 61 年）4 月から「はぴねす 2」として高松～阪神間に就航する。デリックや貨物艙が撤去され、上甲板の貨物艙には風呂（ラドン温泉）が設けられたという。「ふりいじあ丸」時代の特 1 等室がスナックに、レストラン一部が 1 等室に改装されている。

　要目は「ふりいじあ丸」と変わらず、定員（982 名）の内訳は次のとおりである。

| 部屋名 | 和洋 | 定員　室数 | 総定員 | 部屋名 | 和洋 | 定員　室数 | 総定員 |
|---|---|---|---|---|---|---|---|
| 特等A室 | 洋 | 3名×2室 | 6名 | 2等A室 | 洋 | 2名×4室 | 8名 |
| 1等A室 | 〃 | 16×4 | 64 | 2等B室 | 和 | 10×18 | 180 |
| 1等室 | 和 | 6×6 | 36 | 2等室 | 〃 |  | 688 |

はぴねす2　1990年大阪湾にて
村井正氏撮影

会社作成リーフレット
岩瀬玄海氏 画

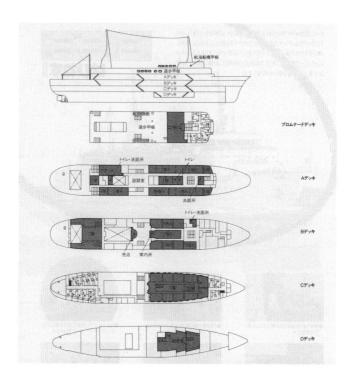

本船の特長としてラドン温泉と図書室があり、パンフレットにはラドン温泉には「加藤汽船ならではの船中温泉」と書かれ、図書室は「定期旅客船には珍しい図書室」と説明されている。しかし、上記の一般配置図には図書室も温泉もラウンジも示されていない。この配置図は、就航時から時が経ったものと思われる。

ラドン温泉

図書館

特等A室

1等A室　　　　　　　　　　　　　　2等B室

エントランスホール　　　　　ラウンジ　　　　　　スナック
　　　　　　　　　　　　　　　　　　　　　　　　（「船のアルバム」より）

　エントランスホールのレリーフは東海汽船時代のものである。図書
室は一時期の設置ではなかっただろうか。また、ラウンジは新設され
たものと思われる。

時刻表　　　　　　　　　　　　　　　　　　　昭和 61 年 4 月 12 日改正

|  | 大阪 | 神戸 | 土庄または土庄東 | 高松 |
|---|---|---|---|---|
| 下り便 | 22：00→ | 23：30→ | 4：20→ | →5：40 |
| 上り便 | 05：40← | ←04：10 | ←23：20 | ←22：00 |

　大阪のりばは弁天埠頭。土庄東港は土庄港から連絡バス（小豆島バ
スが東港線として乗降に合わせて運行していた）で8分の所。「はぴね
す2」は喫水の関係で従来の土庄港は使用できず、代わって土庄東港
となる。土庄東港の写真は「前書4」102頁に載っている。「ぐれいす」
は今まで通り土庄港も寄港し、大阪発奇数日、高松発偶数日は土庄港
経由、大阪発偶数日、高松発奇数日は土庄港東港経由と変則になって
いた。

下記の時刻表は、初期のものとは異なり「ぐれいす」が引退してから本船1隻のものである。

|  | 大阪 | 神戸 | 土庄東 | 高松 |
|---|---|---|---|---|
| 下り昼便 | 10:30→ | 12:00→ | 16:20→ | →17:14 |
| 上り夜便 | 05:40← | ←04:20 | ←23:30 | ←22:00 |

運賃表

|  | 特等 | 1等A | 1等 | 2等A | 2等B | 2等 |
|---|---|---|---|---|---|---|
| 阪神・高松 | 7,830円 | 6,800円 | 5,560円 | 4,020円 | 3,600円 | 2,780円 |

大阪～神戸は410円で、大阪・神戸ともに高松間へは同一料金である。

1990年（平成2年）5月17日、「ぐれいす」が引退すると本船1隻で同航路を守っていく。1992年（平成4年）8月、元四国中央フェリーの「にいはま」が「はぴねす」（3,168.46総トン　詳細は「前書4」101頁）と改名、就航し、本船は引退する。

1993年（平成5年）2月　フィリピン　Aleson Shipping Lines Inc. に売約され「LADY ARY JOY」（LADY JOY）と改名される。

この先、加藤汽船の船はフェリーになっていくので、ここまでが加藤汽船の客船である。なお、阪神～

LADY JOY　三上俊彦氏提供

高松間に関西汽船と共同運航していたジェットホイル「ジェット7」「ジェット8」、高松～土庄間の高速艇「ぐれいす」については、客船のイメージが遠いので割愛させてもらった。

　加藤汽船は、神戸～高松東港のジャンボフェリー（関西汽船と共同運航）運航ののち、2003年（平成15年）9月30日をもって船舶輸送事業から撤退し、ジャンボフェリー株式会社に航路、船舶、港の施設を譲渡した。ジャンボフェリーは、加藤汽船の役員たちが航路維持と船員雇用確保のために同年6月に設立した会社である。

　2022年（令和4年）10月22日、ジャンボフェリー32年ぶりの新造船「あおい」（5,200総トン）が就航した。船名は「葵丸」を踏襲したものである。

あおい　2022年10月　栖原信裕氏撮影

　その後、加藤汽船は2006年（平成18年）7月14日、海上アクセスから神戸～関空ベイ・シャトルの運航を受諾し客船運航に再参入する。現在、加藤汽船グループとして本島汽船（丸亀～本島）、雄雌島海運（高松～女木島～男木島）、伊勢湾フェリー（鳥羽～伊良湖）や運航管理をしている会社、そしてジャンボフェリーがある。

　加藤汽船の名前を残している会社がもう一つ存在している。加藤汽船トラベル（神戸）という会社である。この会社もまた加藤汽船の流れを組む旅行会社で、クルーズや船を使ったツアーなども企画している。

参考文献
四国旅客舩の変遷　佐伯義良著　財団法人琴平海洋会館　昭和 58 年 9 月
香川県人物人名事典　四国新聞社　昭和 60 年
写真と図による残存帝国艦艇　木俣滋郎著　図書出版　1972 年 12 月
日本商船隊戦時遭難史　海上労働協会　昭和 37 年 7 月
船からみた第二次世界大戦から半世紀の神戸港　花谷欣二郎、村井正編集　2013 年 12 月
日本の客船2　1946 － 1993　野間恒、山田廸生共著　海人社　1993 年 10 月
船のアルバム　藤崎英彦氏著　平成8年 12 月
世界の船 '64　朝日新聞社
船舶史稿　各号　船舶部会横浜
日本船舶明細書　各号　海運集会所
世界の艦船　各号　海人社

寄稿

# 内航カーフェリー繁栄の牽引役
## —宇高国道フェリー小史—

林　彦蔵

岡山県宇野と香川県高松を結んでいた宇高国道フェリーが運航中止後、早くも十年以上が経過した。昭和に生まれ、幼少より高松で暮らしてきた自分にとって、宇高航路といえば、まず国鉄宇高連絡船を連想する。

　しかし同時に、連絡船の傍を "水戸黄門の家来" のごとくお供をしつつ、時に自己主張して健気に併走する、愛おしき民間フェリー達の姿は大いに趣を興じさせて、同じ脳裏に深く刻まれている。

　特に、夜中も途絶えることなく高松港に出入りするフェリー達の中で、上部甲板に灯すロゴマークの明かりが印象深い宇高国道フェリーは忘れられない存在である。


## 宇高航路の歴史

　宇高航路は、明治43年に当時の鉄道院（今のＪＲ）が宇高連絡船として定期就航させたのが最初だった。その後、官民両船舶が互いに競合と協調を繰り返し繁栄を続けた。

　最盛期には、ＪＲ宇高連絡船6隻(ホーバークラフトと高速艇を含む)、宇高国道フェリー7隻、四国フェリー5隻、日通フェリー4隻の、合計22隻（直島通いの四国汽船を含め24隻）が航路上をひしめき合う盛況ぶりであった。航路上では、縦列船隊を成して航行する光景が常時当たり前のように見られた。

宇高航路を航行するフェリー 撮影：林 彦蔵

高松港を出港した宇高航路3社フェリー

昭和63年4月の本四架橋児島／坂出ルート（瀬戸大橋）を皮切りに、合計3つの本四架橋ルートが開通。高速道路網とETCシステムの拡充および通行料金割引により、宇高航路は乗船車両が減少し、平成24年に宇高国道フェリーが運航休止。平成31年には四国急行フェリー㈱（四国フェリー㈱の分離会社）の廃止を最後に定期航路が消滅するまで、109年間という長きにわたり君臨し続けてきた由緒あるフェリー航路である。

## 宇高航路のフェリー事始め

　国道30号線は岡山県岡山市から玉野市宇野を経て香川県高松市を結び、本州と四国を連絡する主要道路であった。途中、宇野と高松の間、つまり宇高航路上は海上でありながらも、国道を形成する一部分として位置付けられ、海上交通機関がその役割を担ってきた。

　宇高航路の民間フェリー幕開けは、昭和24年に津国汽船（日本通運代理店）の開設を皮切りに、繁正組、四国自動車航送（四国フェリーの前身）の3社による不定期の海上車両航送事業を始めたのが最初である。当初は、小型機帆船の甲板にバタ板を横渡しにして、その上へ4・5台程度の車両を積んで航送するという小規模な貨物フェリーだった。

　昭和30年代に入り、モータリゼーションの発達とともに、本四間を結ぶ本格的なフェリーの運航が望まれ始めた。まず、道路整備特別措置法に基づき、兵庫県明石と淡路島岩屋を結ぶ航路が兵庫県（日本道路公団運航）による公営フェリーとして開設された。

　これに触発された香川県は、高松と宇野の間で公営により定期航路事業としてフェリーを運航する構想を打ち出した。そのためには、岡山と宇野の間を結ぶ本州側の道路網整備が先決条件であった。そこで香川県は岡山県に働きかけを行い、賛同を得て同区間を結ぶ国道30号

線が昭和35年に整備された。同年、予算計上などの準備を着々と進めた香川県は、満を持して宇高間の公営定期フェリー航送事業の許認可申請を行う。しかし、民間の海運事業者がこれに漫然と黙っているはずがなく、数社が同様の許認可申請を行い、官民による競願となった。公営に対する民間側からの反発意識は強く、結局、公営の出願は取り消されて民間事業者間のみの競願となった。

## 宇高国道フェリー㈱の創立

　昭和35年7月、競願申請が当時の運輸省運輸審議会にかけられた。その結果、最初に宇高フェリーボート㈱に許認可が下った。同社は、加藤常太郎（香川県出身。加藤海運を経営し、日本近海汽船（66頁）を設立するなどの海運業を手掛けるとともに、自らは国会議員を務めていた）の一族が設立した会社であった。競願相手の一社で、既に車両海上航送を営んでいた繁正組は、宇高フェリーボートに道を譲り資本参加のみ行う形をとり、自らは陸上運送業に専念することとなった。

　宇高フェリーボートは以下の事業計画を以て航路申請していた。
・高松港第二県営桟橋西側と宇野港鉄道桟橋西側にそれぞれ可動橋設備を設け発着場とする。
・航送船は、定員380名、5トン積み自動車12台を積載する360トン型を2隻を建造。
・速力12ノットで両港間の所要は1時間、運航回数は1日7往復。

　同社へ許可が下りた理由は、地元の旅客船業者で組織され海上輸送の経験を有すること、資金調達の見通しや計画内容を精査しての上だった。

　宇高フェリーボート㈱は、昭和36年1月に宇高国道フェリー㈱と

社名を変更して正式に創立された。創立時の取締役社長は、加藤忠之。香川県出身で、前述の加藤常太郎の子息であり、社長就任前は加藤海運㈱取締役、加藤汽船㈱監査役を歴任。加藤海運㈱は旅客船事業を加藤汽船㈱に分離させるも、かねてより手広く海運業を経営しており、地元香川で一族の知名度は高かった。

　宇高国道フェリーの就航後は、斬新な発想と先を読む力で内海航路のフェリー事業を牽引してきたといえる。

　許認可が下ると、航送船の発注、設備の建設に着手した。当初計画の一部を変更し、船舶は 600 トン級のフェリーとした。また、フェリー発着場は、高松側は港内東側の北浜町へ、宇野側は当初港内南西の浜崎地区となり、結果的には同業他社に比べ駅から最も離れた位置だった。双方の港で駅に近い"一等地"は、既存の航送事業や港湾設備の用地で占められており、宇高航路の航送事業で最も後発であった以上、やむを得なかったことがうかがえる。

　高松側発着場は、公共岸壁として公費で整備された場所へ造られた。発着場と食堂を兼ねた 2 階建の本社社屋、可動橋設備、駐車場が整備された。当初、高松社屋の北側はすぐ海に面しており、防波堤が迫っていたが、その後、社屋海側へ離島航路フェリーの発着や客船係留用に中央ふ頭が公共事業で整備され、繁盛時は宇高国道フェリーの乗船車両待機場としても使用された。

　宇野側の発着場は、宇野港の南西に位置する。昔は、港の西側一帯に宇野新浜という塩田地帯が広がっていた。後に廃塩田となり、干拓と土地造成がなされた。発着場は、その東端にあった潟地の海岸線に造られた。発着場のすぐ横には、かつて存在した発電所の名残（後に清掃工場）であった大煙突が臨立しており、フェリー発着場とともに港のシンボル的存在だったが、フェリー休止後に撤去されてしまい現存しない。

開業当初の高松港乗り場

　宇高国道フェリーという社名の経緯について、考察してみる。

　当時の香川県は、知事を筆頭に、宇高航路つまり海上国道30号線の
整備に対して並ならぬ熱意を持っていた。しかし、民間の反発（縄張
りを侵されたくない）意識に圧倒されて、県自らが、責任感を持って
成し遂げようとした事業のバトンを民間の手に託すことになり、かな
りの期待を寄せていたのは事実である。後の宇高国道フェリーの広告
には、"政府指定"の謳い文句が示されていたことから、文字通り"国道"
としての使命を担うことを宣言して主張する狙いで、この社名になっ
たのではないかと考える。

　その後、設備や就航船が完成して諸準備の整った昭和36年8月12日、
宇高国道フェリーは運航を開始した。当初は「りつりん丸」（595トン）
1隻による1日7往復の運航であった。宇高航路のフェリーの中で、
最初から徒歩客も乗船することのできるものだった。（他社はかなり後
日まで徒歩客は乗船できなかった）

　開業当日は就航に先立ち、午前に宇野港、午後に高松港の各々で開
通式典が催され、来賓参列のうえ神事と可動橋渡り初めの後、関係者
乗船の上で祝賀会を兼ねた周遊クルーズが行われた。その後、宇野発
18時時半の下り6便から正式に運航が開始された。

## 就航船舶と運航時刻表（船舶の諸元等の詳細は別掲一覧表［111頁］に示す）

### 第1船　りつりん丸（初代）

　客室は車両甲板の左右両舷と上部の船楼甲板にあり、全て椅子座席。豪華な装飾の展望サロン、デッキにはプラスチック製椅子のあるスカイルーフ。船内にはスチュワーデスが乗船して、"ひとときの旅先案内人"を演出してくれる。また、売店も完備されており、装備は就航当時から現在でも見劣りしないものだった。昭和36年8月12日就航。

りつりん丸（初代）　社製絵葉書　　　　　　りつりん丸　（雑誌「旅客船」より）

りつりん丸客室　左からデッキ、サロン、売店、客室

時刻表①

| 高松発 | | 宇野発 | |
|---|---|---|---|
| 1便 | 4:30 | 1便 | 5:50 |
| 2 | 7:30 | 2 | 9:00 |
| 3 | 10:20 | 3 | 11:45 |
| 4 | 13:05 | 4 | 14:30 |
| 5 | 15:50 | 5 | 17:10 |
| 6 | 18:30 | 6 | 19:50 |
| 7 | 21:10 | 7 | 22:40 |

　おかやま丸（初代）および、かがわ丸就航に伴い予備船となり、高松東港で係船。その後、海外へ売船。

### 第2船　こうらく丸（初代）

　第1船りつりん丸とは建造所が異なり、地元高松の四国ドック建造。りつりん丸とは操舵室の位置をはじめ煙突がないなど、外観が異なる。

　昭和37年4月13日就航。同年4月15日からは、1日16往復となり、早朝3時から夜23時までの間、75分から85分間隔の運航となった。また、この船の就航時点で徒歩客乗降用の可動橋が整備され、高松と宇野共に右舷側から乗降するようになった。

こうらく丸(初代)（社製絵葉書より）　　こうらく丸(初代)（雑誌「船の科学」より）

時刻表②

| 高松発 | | | | 宇野発 | | | |
|---|---|---|---|---|---|---|---|
| 1便 | 3:15 | 9 | 13:50 | 1便 | 3:15 | 9 | 13:50 |
| 2 | 4:35 | 10 | 15:05 | 2 | 4:35 | 10 | 15:05 |
| 3 | 5:55 | 11 | 16:20 | 3 | 5:55 | 11 | 16:20 |
| 4 | 7:20 | 12 | 17:35 | 4 | 7:20 | 12 | 17:35 |
| 5 | 8:35 | 13 | 18:55 | 5 | 8:35 | 13 | 18:55 |
| 6 | 9:50 | 14 | 20:15 | 6 | 9:50 | 14 | 20:15 |
| 7 | 11:10 | 15 | 21:35 | 7 | 11:10 | 15 | 21:35 |
| 8 | 12:30 | 16 | 23:00 | 8 | 12:30 | 16 | 23:00 |

　前述のりつりん丸と同様、おかやま丸（初代）とかがわ丸就航に伴い予備船となり、高松東港で係船。後に海外売船。

### 第3船　こんぴら丸（初代）

　昭和38年8月13日竣工。こうらく丸（初代）同様、四国ドックにて建造。船内設備として、噴水、水族館、浴室をそれぞれ完備した。

これ以降続く同社フェリー外観の礎となったと言える。以下、就航当時の広告文を記載する。

　バカンスに本土へ
　・・・四国へドライブ「こんぴら丸5つのアイデア」
　①東洋一の最大型豪華航送船、②造船技術の粋　不沈構造、③絶対潮にぬれない車両甲板、④湧水槽のあるデラックスサロン（客室）、⑤ご家族で楽しめる船上の水族館

昭和38年8月13日就航。本船就航を以て1日25往復へ増便。終夜おもに35〜40分ごとの運航となった。

こんぴら丸（初代）（社製絵葉書より）　　こんぴら丸（初代）（社製パンフレットより）

時刻表③

| 高松発 | | | | | 宇野発 | | | | |
|---|---|---|---|---|---|---|---|---|---|
| 1便 | 0:50 | 10 | 9:50 | 19 | 18:00 | 1便 | 1:45 | 10 | 9:15 | 19 | 18:00 |
| 2 | 3:00 | 11 | 10:30 | 20 | 19:15 | 2 | 3:00 | 11 | 10:30 | 20 | 18:35 |
| 3 | 4:15 | 12 | 11:45 | 21 | 19:50 | 3 | 3:35 | 12 | 11:05 | 21 | 19:15 |
| 4 | 4:50 | 13 | 13:00 | 22 | 20:30 | 4 | 4:15 | 13 | 11:45 | 22 | 20:30 |
| 5 | 5:30 | 14 | 14:15 | 23 | 21:45 | 5 | 5:30 | 14 | 13:00 | 23 | 21:05 |
| 6 | 6:45 | 15 | 14:50 | 24 | 22:20 | 6 | 6:05 | 15 | 14:15 | 24 | 21:45 |
| 7 | 7:20 | 16 | 15:30 | 25 | 23:00 | 7 | 6:45 | 16 | 15:30 | 25 | 23:00 |
| 8 | 8:00 | 17 | 16:45 | | | 8 | 8:00 | 17 | 16:05 | | |
| 9 | 9:15 | 18 | 17:20 | | | 9 | 8:35 | 18 | 16:45 | | |

昭和46年、だいせん丸就航に伴い係船。後にタイ国のRaja Ferryへ売船。

第4船　どうご丸

昭和39年10月17日竣工。波止浜造船建造。船名は一般公募で決め

る。松山が観光地や新婚旅行メッカとして注目された時期の就航であった。

　特に船室装飾が豪華で一流ホテル並み。客室は優雅なシャンデリアで照明され、中央にユーゴスラビア産の大理石で飾られた噴水を設置。周囲を色とりどりの草花でプラント。水中ランプを使用し噴水から溢れる水が草花にたれる滴に3色の光が当る様は風情があり、旅の疲れを和らげるのに申し分ない新機軸であった。客室中央には売店が設置され、傍の階段から航海船橋甲板へ上がり、特等旅客専用の円型展望室へ至る。客室後部中央には六角鐘の活魚槽を設け、数々の内海魚を活かしてさながら小型水族館。また、両舷共に張出し展望台を設けて望遠鏡を完備。（後に撤去）

　昭和39年10月18日就航。本船就航により1日36往復（繁盛期38往復）へ増便。昼夜約30分毎の運航となった。昭和55年に引退、海外（タイ）へ売船。

どうご丸　（社製パンフレットより）

　高松に船のバイヤーが存在した。各社で引退したフェリーは同社を介して海外へ売船された。中には、遠く南太平洋のフィジーや、南米ウルグアイ、地中海方面へ売却されて赴いたフェリーもあるとうかがい驚いた。


　第5船　こうち丸
　昭和41年4月24日就航。波止浜造船建造。

本船で特記すべきは、車両搭載能力を上げるため車両甲板へ昇降用
エレベーター2基を装備して天井へ乗用車8台を吊上げるという二段
式積載装置が搭載されたことである。フェリーへ初の採用であった。
上部甲板には前出船と同様、サロンの噴水や売店の完備、デラックス
な水族館、特別展望室が設けられた。

　本船の運航で、1日48往復（繁盛期50往復）、昼夜29分〜36分間
隔の運航となり、文字どおり動く国道の使命を果たしていく。

　昭和58年引退。海外（南米／ウルグアイ）へ売船。

こうち丸　社製絵葉書

こうち丸　（社製パンフレットより）

時刻表④

| | 高松発 | | | | 宇野発 | | | |
|---|---|---|---|---|---|---|---|---|
| 1便 | 0:15 | 17 | 8:03 | 33 | 16:24 | 1便 | 0:00 | 17 | 7:45 | 33 | 16:11 |
| 2 | 0:44 | 18 | 8:33 | 34 | 16:54 | 2 | 0:29 | 18 | 8:19 | 34 | 16:40 |
| 3 | 1:13 | 19 | 9:03 | 35 | 17:24 | 3 | 0:58 | 19 | 8:48 | 35 | 17:11 |
| 4 | 1:42 | 20 | 9:35 | 36 | 17:53 | 4 | 1:27 | 20 | 9:18 | 36 | 17:39 |
| 5 | 2:11 | 21 | 10:04 | 37 | 18:22 | 5 | 1:56 | 21 | 9:42 | 37 | 18:09 |
| 6 | 2:40 | 22 | 10:50 | 38 | 18:52 | 6 | 2:25 | 22 | 10:11 | 38 | 18:38 |
| 7 | 3:08 | 23 | 11:19 | 39 | 19:22 | 7 | 2:54 | 23 | 10:49 | 39 | 19:08 |
| 8 | 3:38 | 24 | 11:51 | 40 | 19:51 | 8 | 3:24 | 24 | 11:12 | 40 | 19:37 |
| 9 | 4:07 | 25 | 12:20 | 41 | 20:20 | 9 | 3:53 | 25 | 11:58 | 41 | 20:07 |
| 10 | 4:37 | 26 | 13:06 | 42 | 20:50 | 10 | 4:24 | 26 | 12:27 | 42 | 20:36 |
| 11 | 5:04 | 27 | 13:35 | 43 | 21:19 | 11 | 4:52 | 27 | 13:01 | 43 | 21:06 |
| 12 | 5:34 | 28 | 14:08 | 44 | 21:49 | 12 | 5:22 | 28 | 13:27 | 44 | 21:35 |
| 13 | 6:05 | 29 | 14:34 | 45 | 22:18 | 13 | 5:51 | 29 | 14:13 | 45 | 22:01 |
| 14 | 6:33 | 30 | 15:00 | 46 | 22:48 | 14 | 6:20 | 30 | 14:42 | 46 | 22:34 |
| 15 | 7:04 | 31 | 15:28 | 47 | 23:17 | 15 | 6:50 | 31 | 15:15 | 47 | 23:03 |
| 16 | 7:33 | 32 | 15:56 | 48 | 23:47 | 16 | 7:20 | 32 | 15:42 | 48 | 23:28 |

第6船　南国とさ丸

　昭和42年4月18日竣工。建造波止浜造船建造。これ以前の就航船の特徴に加え、航送力を重視した大型化が図られた。ちょうど香川と高知を結ぶ国道32号線の整備に同調した就航だった。また、当時は歌手のペギー葉山さんの唄「南国土佐を後にして」が大ヒットした時であり、それを意識しての命名であった。同時期に、国鉄宇高連絡船も伊予丸型第3船"土佐丸"が就航しており、交通網が整備された高知が観光地として脚光を浴びた時期であった。

　船内設備として、船楼甲板には熱帯魚が泳ぐ水槽を、小鳥かごからはカナリアのさえずりが聴こえる。また、どうご丸と同様に、上部甲板に赤い外観が特徴的な円型のデラックス展望特別室が設けられた。

　就航前のレセプションのクルーズでは、ペギー葉山さんが招待されて唄を披露するなど、盛大なアトラクションが行われた。

　本船の就航で、1日56往復へ増便、昼夜24分間隔の運航となった。

南国とさ丸　（社製パンフレットより）　　　南国とさ丸　林 彦蔵撮影

　昭和63年瀬戸大橋が開通後、減船に伴い引退。高松東港で係船後、海外（地中海／ギリシャ）へ売船。


第7船　たかまつ丸（初代）

　昭和44年4月25日就航。波止浜造船建造。前出の南国とさ丸の同型姉妹船である。サロンには、同年に開局した地元高松のテレビ局（KSB瀬戸内海放送／国道フェリーの系列会社）放送用サテライトスタジオが設けられた。後日、本格的なコマーシャルが制作されて放映が始まっている。

本船の就航で、66往復へ増便。昼夜20分間隔の運航となった。

たかまつ丸　（社製パンフレットより）

たかまつ丸　林 彦蔵撮影

たかまつ丸

船内スタジオ
（社製パンフレットより）

展望室

### 第8船　こんぴら

昭和44年11月17日竣工。日本鋼管清水造船所建造。

### 第9船　りつりん

昭和45年10月29日竣工。日本鋼管清水造船所建造。第8船と第9船は、阪神／高松ジャンボフェリーの初代双胴船。加藤汽船にて運航。上記2隻についての詳細は後述する。

### 第10船　だいせん丸

昭和46年12月竣工。宇高国道フェリー初の讃岐造船鉄工（香川県詫間町／現存せず）建造船。

繁盛時の激しい混雑に対応させるため、さらに著しく船型が大型化されて、全長は在来船に比べ10メートル前後も大きくなった。本船以

降は船体幅が大きくなり、既存の可動橋位置に合わせる必要上、前後ハッチ開口位置が接岸側へ偏芯した位置となって、外観が少し不細工になった。

名実ともに待たれる海のハイウェーとなる　だいせん丸
1971年～1988年　総トン数 1482 …

だいせん丸　社製絵葉書

だいせん丸　林 彦蔵撮影

### 第11船　おかやま丸（初代）

昭和46年5月20日竣工。臼杵鉄工所臼杵造船所建造。元阪神バイパスフェリー"泉州"。（「前書2」にて詳しく記載）

昭和49年、同航路休止に伴い宇高国道フェリーが購入して再就航した。就航に際して、側面後部へ乗降口が追設された。外観上は、船型が他とは全く異なり、シアが大きいのが特徴。

昭和63年、瀬戸大橋開通に伴う減便により引退。高松港G地区の東側で係船。その後、海外売船。（船籍はパナマ、詳細は不明）

おかやま丸（初代）　林 彦蔵撮影

### 第12船　かがわ丸

昭和46年4月竣工。上述のおかやま丸（初代）の姉妹船。元は阪神バイパスフェリー"攝津"。経歴は2船ともに同じ。四国ドックによる

建造で、縁あって生まれ故郷に帰ってきた。おかやま丸とは操舵室の外観形状が異なる。オイルショック不況の真っ只中に登場した2船が中古船となったのは、やむを得なかったことかもしれない。

昭和63年、瀬戸大橋開通に伴い引退。係船後、海外へ売船。

かがわ丸　林 彦蔵撮影

### 第13船　こくどう丸（初代）

昭和54年12月竣工。讃岐造船鉄工建造。

前出のだいせん丸より、さらに全長が4メートル延長されて、外観上、国道フェリー船隊が持つ独特な流線形の完成作といえる。

日本国内のフェリー初の車両甲板と船楼甲板を結ぶエスカレーターが左舷側に設置され、テレビコマーシャルでアピールされていた。

こくどう丸(初代)　(社製パンフレットより)　　　こくどう丸(初代)　林 彦蔵撮影

船内エスカレーター　　　　　　　　　　　船内

だいせん丸就航から次船こくどう丸（初代）就航までの間は、8年も

の蔵月を経ている。原油価格の高騰によるオイルショックの世相を反映しており、代え控えによる造船不況が続いていた直後のことであった。

昭和63年、瀬戸大橋開通後に後続船の就航に合わせて引退。高松東港で係船後、海外へ売船。(韓国〜フィリピンへ)

### 第14船　うたか丸

昭和55年11月竣工。讃岐造船鉄工建造。

こくどう丸就航の翌年に誕生した本船では、省エネルギーに向けた新たな取り組みとして、機関排気や冷却戻り水に含む熱を再利用する等により燃料消費量が抑制された。省エネのシンボルとして復活搭載された煙突の脇へ、省エネ対策に関する説明板が設けられた。

本船の就航を機に船体塗色が変更されたが、黄色い煙突がさらに外観を際立たせて優雅で美しいものなった。

本船も前出の船と同様、瀬戸大橋開通後の平成2年に予備船となり、ドック代船以外に各種会合やイベントのチャーター船にも就いた。その後、高松東港で係船の後、海外(韓国〜フィリピン)へ売船。

うたか丸煙突について
(社製パンフレットより)

うたか丸　林 彦蔵撮影

第 15 船　こうらく丸（二代）

昭和 58 年 7 月 11 日竣工。林兼造船長崎造船所建造。本船以降の船名は、二代目を襲名するようになった。同社船隊の中で最も大型であり、初代こんぴら丸から受け継がれてきたデザインの集大成の船と言えよう。

本船の特徴は、外観上の車両甲板側面全体に連続して並ぶ縦長の換気窓である。車両甲板の換気と照度確保両方の機能性を持つものだ。近隣の船では最初に採用されたが、斬新なデザインであり、同社の船型と良くマッチした。夜間は車両甲板から漏れる明かりが煌びやかだった。本船の縦長換気窓は、後に備讃瀬戸界隈の新造フェリーへ波及した。

瀬戸大橋開通後も、同社のフラッグシップとして長らく活躍した。その後、予備船となり、平成 10 年に海外（クロアチア）へ売船された。

因みに、香川／岡山両県内各所にあった同社広告看板では、引退後も最期までこうらく丸（二代）の姿が使われていたものが存在した。

こうらく丸(二代)　林 彦蔵撮影

第 16 船　りつりん丸（二代）／第 17 船　こんぴら丸（二代）

両船共に昭和 63 年 3 月竣工。林兼造船長崎造船所建造。国による瀬戸大橋開通後の航路再編成の方針に従い、船型の小型化に対応するため建造された最初の 2 隻。両船とも架橋開通後に就航。

操舵室周りの造形はかつての名船 "くれない丸" を彷彿とした外観であったが、平成 17 年に防舷材とともに操舵室周りの改造工事が施され、前方窓開口の形状が若干変わった。

りつりん丸(二代)就航当初　林 彦蔵撮影　　りつりん丸(二代)改造後　林 彦蔵撮影

こんぴら丸(二代)就航当初　林 彦蔵撮影　　こんぴら丸(二代)改造後　林 彦蔵撮影

### 第18船　たかまつ丸（二代）／第19船　おかやま丸（二代）

昭和63年11月／平成元年2月竣工。林兼造船長崎造船所建造。前出の2隻に続いて登場した小型化対応の第3船と第4船。前出の2隻と比較して操舵室上部の形状がアーチ型の曲線になったが、基本設計の共通化により設計費用が抑えられた。平成17年に防舷材等の改造工事が施された。

これら4隻のうち、業績不振による減便減船で、りつりん丸（二代）とおかやま丸（二代）が順次引退。高松東港で係船後、海外へ売船された。

こんぴら丸（二代）とたかまつ丸（二代）は終航日まで使用されて、高松港中央ふ頭と高松東港にそれぞれ係船された。運航再開は叶わず、結局、海外へ売船された。

たかまつ丸(二代)就航当初　林 彦蔵撮影　　たかまつ丸(二代)改造後　林 彦蔵撮影

おかやま丸(二代)就航当初　林 彦蔵撮影

代船　第三ひなせ丸

　瀬戸大橋開通後に登場した5隻での運航時は、予備船のない状況下
での運航で、各船ドック時の減便を余儀なくされていた。

　平成12年に各船に防舷材等の改造工事が施され、長期離脱の必要が
生じた際に、瀬戸内観光汽船の第三ひなせ丸が代船として運航された。
前後とも、車両乗降ハッチの必要長がなかったのか、当航路に就航時
はハッチを丈の長い別物に交換して就役していた。

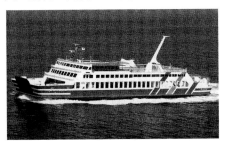

第三ひなせ丸　（「日本のカーフェリー」海人社）

第 20 船　こくどう丸（二代）

平成 3 年 1 1 月竣工。林兼造船長崎造船所建造。

同社が建造した最終船。瀬戸大橋開通当初の通行料金が割高で、予想以上の需要があったのか、船型および車両収容面積が再び大型化された。

瀬戸大橋開通後に登場した他船と比較して、上部構造物の外観が著しく異なる。ほぼ箱型の車両甲板前面形状、左舷後部に張り出した排気管スペースと、車載空間が可能な限り確保された造りとなった。

操舵室形状は、流線型を意識した造形美で、全景外観のバランスが保たれていた。当初、防舷材下部に並んでいた凹凸（ラジエーター？）は、平成 12 年の防舷材等の改造工事の際に塞がれている。

終航日まで活躍し、一番最後まで高松港中央ふ頭に係船されていたが、結局、海外へ売船された。

こくどう丸(二代)就航当初　林 彦蔵撮影　　こくどう丸(二代)改造後　林 彦蔵撮影

第 21 船　ふじ丸

平成 2 年 1 月竣工。西大寺造船所建造。元、津国汽船（日通フェリー）の "第十八日通丸" で、同左が四国フェリー㈱と共同運航を開始した後に予備船として移籍させて使用した。

塗色は日本通運のコーポレート色であった、やまぶき色から同社色に塗り替えられたが、如何せん予備船であり、活躍の機会は少なかった。更なる減便に伴い、海外へ売船された。

ふじ丸（第十八日通丸）　林 彦蔵撮影　　ふじ丸（「日本のカーフェリー」海人社より）

## 宇高国道フェリー各船諸元

| 船名 | 起工 | 進水 | 竣工 | 総トン数 | 全長(m) | 型幅(m) | 主機 | 最高速力 | 航海速力 | 旅客定員 | 建造所 | 建造費(万円) | 特記事項 |
|---|---|---|---|---|---|---|---|---|---|---|---|---|---|
| 第1船 | りつりん丸(初代) | 1961/1/11 | 1961/4/17 | 1961/7/15 | 595 | 47.8 | 11.0 | 650PS×2基 | 13.7 | 12.5 | 450 | 波止浜造船 | 15,000 |  |
| 第2船 | こうらく丸(初代) | 1961/10/24 | 1962/3/5 | 1962/4/10 | 650 | 44.0 | 11.0 | 650PS×2基 | 13.8 | 12.5 | 520 | 四国ドック | 16,000 |  |
| 第3船 | こんぴら丸(初代) | 1963/3/11 | 1963/6/21 | 1963/8/13 | 795 | 56.0 | 11.0 | 770PS×1基 | 13.8 | 12.7 | 625 | 四国ドック | 17,000 |  |
| 第4船 | どうご丸 | 1964/6/24 | 1964/9/9 | 1964/10/17 | 878 | 57.0 | 11.0 | 850PS×2基 | 13.4 | 13.0 | 682 | 波止浜造船 | 25,000 |  |
| 第5船 | こうち丸 | 1965/10/18 | 1966/2/23 | 1966/4/20 | 887 | 58.5 | 11.3 | 1,050PS×2基 | 14.2 | 13.5 | 978 | 波止浜造船 | 21,000 |  |
| 第6船 | 南国とさ丸 | 1966/11/20 | 1967/3/1 | 1967/4/18 | 997.5 | 63.9 | 13.7 | 1,100PS×2基 | 15.3 | 14.0 | 1,070 | 波止浜造船 | 2,8000 |  |
| 第7船 | たかまつ丸(初代) | 1968/10/7 | 1969/2/4 | 1969/3/24 | 1,019 | 63.9 | 13.7 | 1,100PS×2基 | 15.0 | 13.5 | 1,070 | 波止浜造船 | 34,000 |  |
| 第8船 | こんぴら | 1969/5/17 | 1969/6/29 | 1969/11/17 | 2,694 | 83.0 | 25.0 | 1,600PS×4基 | 20.2 | 18.5 | 592 | 日本鋼管清水 | 72,000 | 主機各胴2基1軸 |
| 第9船 | りつりん | 1970/5/18 | 1970/7/9 | 1970/10/29 | 2,801 | 83.0 | 25.0 | 1,600PS×4基 | 20.0 | 18.5 | 689 | 日本鋼管清水 | 75,000 | 主機各胴2基1軸 |
| 第10船 | おかやま丸 | 1970/11/18 | 1971/3/30 | 1971/5/20 | 1,139 | 69.6 | 14.7 | 1,600PS×2基 | 17.3 | 15.8 | 600 | 臼杵造船所 | － | 1974.5就航 |
| 第11船 | かがわ丸 | 1970/10 | 1971/2 | 1971/4 | 1,116 | 70 | 14.7 | 1,600PS×2基 | 16.5 | 15.8 | 600 | 四国ドック | 34,000 | 1974.5就航 |
| 第12船 | だいせん丸 | 1971/9 | 1971/11/19 | 1971/12 | 1,481 | 72.7 | 14.8 | 1,600PS×2基 | 17.2 | 15.8 | 1,100 | 讃岐造船鉄工 |  |  |
| 第13船 | こくどう丸(初代) |  |  | 1979/12/9 | 999.6 | 76.7 | 14.8 | 1,600PS×2基 | 15.9 | 14.5 | 720 | 讃岐造船鉄工 |  |  |
| 第14船 | うたか丸 | 1980/5 | 1980/10 | 1980/11 | 999.4 | 71.3 | 14.8 | 1,600PS×2基 | 16.0 | 14.5 | 730 | 讃岐造船鉄工 | 81,000 |  |
| 第15船 | こうらく丸(二代) | 1983/4/5 | 1983/5/26 | 1983/7/11 | 1,940 | 81.2 | 15.1 | 1,600PS×2基 | 16.1 | 13.0 | 730 | 林兼造船長崎 |  |  |
| 第16船 | りつりん丸(二代) | 1987/1 | 1988/1 | 1988/3 | 798 | 67.0 | 14.7 | 1,400PS×2基 | 15.4 | 13.0 | 488 | 林兼造船長崎 |  | 2005年改造 |
| 第17船 | こんぴら丸(二代) | 1987/12 | 1988/2 | 1988/3 | 799 | 67.0 | 14.7 | 1,400PS×2基 | 15.4 | 13.0 | 488 | 林兼造船長崎 |  | 2005年改造 |
| 第18船 | おかやま丸(二代) | 1988/8 | 1988/ | 1988/11 | 806 | 67.0 | 14.7 | 1,400PS×2基 | 15.3 | 13.0 | 488 | 林兼造船長崎 |  | 2005年改造 |
| 第19船 | たかまつ丸(二代) | 1988/1 | 1988/12 | 1989/2 | 802 | 67.0 | 14.7 | 1,400PS×2基 | 15.4 | 13.0 | 488 | 林兼造船長崎 |  | 2005年改造 |
| 第20船 | こくどう丸(二代) | 1991/6 | 1991/8 | 1991/11 | 999 | 68.5 | 16.3 | 1,400PS×2基 | 15.6 | 13.0 | 488 | 林兼造船長崎 |  | 2000年改造 |
| 第21船 | ふじ丸 | 1989/5 | 1989/11 | 1990/1 | 699 | 58.2 | 13.9 | 1,400PS×2基 | 14.5 | 13.0 | 285 | 西大寺造船所 | － | 2004年就航 |

　その他の保有船舶について

　同社は、フェリー以外に僅かながら支援船を所有していた。タグボートの“第二こくどう”は、常時高松港乗り場のポンツーンへ係船されて、必要に応じて使用された。

　小型の燃料補給船も数隻所有し、それぞれ第○こくどうと命名され

て使用された。興味深いことに、それら全ての船舶全てがフェリーと同色に塗られて、ロゴマーク付の黄色い煙突が設けられていた。

第二こくどう　撮影：林 彦蔵

出港支援に就く第二こくどう　撮影：林 彦蔵

## 宇高航路に要求された高い航行技術

　宇高航路の航行には、高い技術が要求された。まずは、港内で多数の他船をかわす必要があったこと。最盛期の高松港乗降客数は、年間1千万人前後で日本一。1日の入港船舶は合計約280隻（昭和55年）。その内、旅客船は約250隻、宇高航路だけで150隻に上った。昼夜問わず各方面からさまざまな旅客船が単純計算で数分に1隻の割合で出入りしており、港の能力も限界に近い超過密状態。危険リスクの高い、現在とは比べものにならない状況下であった。

　港内は左側航行。(旧)中央防波堤を境に、出港は東口(千トン未満)、入港は全て西口とするローカルルールがあった。その後、旧西防波堤のたもとへ、入出港船を監視する高松海上保安部の高松信号所が設置された。出入港船舶は電光表示の信号に従い航行することとなった。(防波堤共々現存しない)

　港外へ出て航行する際は、さらに危険が伴う。まず、他の航行船舶との衝突回避だ。操業漁船、同伴航行する旅客船、航路途上で直交する備讃瀬戸東航路の航行船と、多数の船舶に対して絶えず注意を払う必要がある。最盛期には、宇高航路の同伴船だけで合計24隻もの旅客

船が同じ航路上を数珠繋ぎ状態で行き来していた。

　また、当地独特の気象条件に起因して、海上で発生する濃霧による視界不良が航行上の大きな危険要因だった。年毎のばらつきはあるが、特に春先から初夏にかけて頻繁に発生し、視界が利かなくなる。数日間にわたり、海上に濃霧が鎮座して視界が全く利かず、交通がマヒした年もあった。過去には、視界不良による船舶どおしの衝突や浅瀬へ座礁する事故が度々発生した。その教訓から、航路上の標識ブイの整備や視界が利かなくなった際の停船勧告の発令が行われるようになった。

## 高松港での最盛期の光景

　宇高国道フェリーの最盛期は、7隻稼働の20分前後間隔による運航で、これが所要1時間である宇高航路の最大運航頻度だった。

　高松港内は手狭であり、港内混雑の低減を図るため、日中は各社フェリーの停泊時間は短く設定されていたが、航路上や港内の混雑状況などによる遅延は常に付き物であった。

　高松港旧西防波堤突端にあった赤灯台付近は、頻繁に出入りする船を観察するのに最適の場所だった。宇高国道フェリーの出航便が遅延すると、入港便は港口付近で船足を停めて、その出港を待つ。やがて社屋の屋上に設けられたパトライトが点灯し、出港開始のサインを送ると、入港便はゆっくり前進をはじめて、社船どおしが港内で反航する。1隻が出港待ちで船足を停めると、後続他社の入港船にも影響が連鎖して、多い時は3〜4隻もの旅客船が港口付近で停泊し、渋滞を招くことが頻繁にあった。

　また、宇高連絡船や関西汽船の大型船が出港する際は、後進して港内で方向転換を行う。船舶間の衝突を防止するため、前述の港内信号所から航行禁止信号（X：入出航禁止）が表示され、他船は停船して

高松社屋屋上パトライト（白い円） 林 彦蔵撮影

入港船で慌ただしい高松港　林 彦蔵撮影

港内が輻輳する高松港　林 彦蔵撮影

港内が輻輳する高松港　林 彦蔵撮影

大型船の出港を待つ。特に宇高連絡船は、列車乗継連絡という主務があり、絶対優先だった。港口付近は入港待ちの船ですぐに渋滞となった。

　背後の航路上に眼を移すと、後続の入港船が早くも港へ近づいている。これがその頃の日常風景であり、マニアにとって旧赤灯台の防波堤は一日中居ても飽きることのない、居心地の良い愛おしい場所だった。

## フェリーの繁栄と交通渋滞について

　車の普及が進んだ昭和40年代に入ってから、宇高航路の車両輸送量は飛躍的に伸びていった。昭和時代の帰省時は乗船客集中がして、高松・宇野両港ともにフェリー乗船待ち車両で溢れ返った。

　高松港では、特にお盆の帰省Uターンと台風の接近が重なった年には宇高航路乗船車両による周辺道路の交通マヒが発生して、乗船待ちの車列がフェリー乗り場を起点に高松駅前を越えて国道30号線（通称中央通り）を南下、公道上を延々と2キロ以上並ぶ事態となった。宇

野港に至っては、年末の帰省時に四国へ渡る乗船車両の列が、片道一車線の国道30号線（田井経由の旧道）上を北上して、延々6キロにも及んだことがあった。いずれも、本四架橋が主要道路となった今では昔の語り話となった。

### 宇高国道フェリーによる集いの場

宇高航路の夏季納涼船は、かつて宇高連絡船において鉄道省の時代から催された定例の行事で、高松発着の回遊運航だった。宇高国道フェリーでは開業当初より定期便を利用して行われ、7月初旬から8月末までの間、夕刻の数時間に高松・宇野両港を発つ便が指定便とされ、全船サロンや遊歩デッキに提灯が飾られ、サービスサロンコーナーが設けられるなど、納涼船に仕立てられて催された。

納涼船の広告

催しは、屋上／船内ビアガーデン、ハワイアンバンドの演奏や民踊など。どちらかと言えば大人向けのイベントだったが、往復2時間弱を船上で航海しながら夜風に涼むビアガーデンのひとときは格別だったに違いない。しかし、昭和40年代後半のオイルショック以降にいつの間にか姿を消してしまった。その一方、9月の中秋の名月に合わせた船上観月会や、岡山県青年の船、着物姿のミス日本をモデルにした船上撮影会などのイベントも催され、地元民に親しまれていた。

宇高連絡船や阪神別府航路などの客船が頻繁に出入りする乗り場は

混雑の絶えない雑然とした空間であったのに対し、宇高国道フェリー乗り場の突端には噴水やベンチを配した展望エリアが設けられ、ゆっくりと戯れることのできる空間があった。夜は七色に変化するカクテル光線が噴水を照らし、涼を求めて立ち寄る地元民で賑わっていた。

高松港乗り場突端の噴水とベンチを利用する人々

## スチュワーデスの乗船

就航当初から、各便ごとに幾名かの女性客室乗務員（スチュワーデス）が乗務していた。彼女たちの主務はデッキにて瀬戸内海の景色の案内を行う"旅先案内人"で、乗降出札、客室売店、納涼船での接待など多くの業務をこなしていた。最盛期には数百名もの就業希望者のある香川県内有数の、人気のある花形業種であった。彼女達の姿は船内のみならず、同社パンフレットや近隣の主要道路各所へ掲示された大型看板、テレビCMなどで活躍が見られ、その真紅のユニホーム姿は地元ではお馴染みの存在であった。

スチュワーデスの姿　（社製パンフレットより）

その一方、客室乗務員として毎年行われていた非常時の退避訓練にも参加して、実際に海上へ飛び込み救助される役を演じるなど、乗船員としての職務を全うしていた。

## 初代ジャンボフェリーの双胴船

　阪神／高松ジャンボフェリーは、昭和44年11月に加藤汽船と関西汽船が2隻ずつ配船し、共同運航を開始した。当初の就航船は、3千トンクラスの同型双胴船4隻であった。

　そのうち、加藤汽船の2隻は実は宇高国道フェリーが船主であり、社から加藤汽船へ運航委託する形が採られた。船名は"こんぴら"と"りつりん"。現行船は"ジャンボフェリー"というフレーズとは到底かけ離れた単胴船が就航しているが、初代の双胴船の船幅は25mもあり、就航当時は世界最大の双胴船だったため、このように名付けられた。これら双胴船は、昭和30年代後半頃から日本鋼管によって手掛けられた数々の双胴旅客船中の4隻であり、4隻共に日本鋼管清水造船所で建造された。

　初船"こんぴら"の塗色は、当初は上が白色、下は黄緑色（関西汽船の塗色とは異なる）だった。また、新造時は赤い煙突へ大きく宇高国道フェリーのロゴマークが入っていたが、就航前に塗り潰されている。就航を前に一度だけ高松港中央ふ頭へ着岸して、お披露目式典が行われた。また、ジャンボフェリー当初の高松乗り場は、現在の高松東港の位置ではなく西側対岸の朝日町B地区が暫定使用され、ランニングメイトの関西汽船六甲丸と共に2隻で運航が開始された。

　次船"りつりん"の塗色は、その後の加藤汽船標準色となるクリーム色に、側面へ小さめの文字で"KATO KISEN"と記されていた。後に、"こんぴら"も後年にクリーム色へ塗色変更されると共に、側面の社名

表記文字が大きくなった。また、車両甲板側面開口部が拡大されると共に、乗用車が積載される旅客甲板後部車両デッキの拡大と煙突大型化等の改修工事が施工された。双胴船の利点で、旋回性能が優れ、片機関を後進に入れるだけでその場旋回が可能であり、バウスラスターは設置不要だった。また、船幅が広い分、船体長を短くすることができて、所定航海速力 18.5 ノットを、経済的な出力を以て確保できたが、後年の加藤汽船船長談で、経年化と潮周りにより定時運航は厳しくなったとうかがった。

　昭和 64 年と平成元年に、新船 "こんぴら 2、りつりん 2" の就航に伴い引退した。"こんぴら" は翌年にタイへ、"りつりん" は小豆島内海湾で長らく係船の後、平成 6 年に中国へそれぞれ海外売船された。

こんぴら就航時　（雑誌「船の科学」より）

りつりん就航時　（雑誌「船の科学」より）

こんぴら改造後　林 彦蔵撮影

りつりん改造後　林 彦蔵撮影

## 瀬戸大橋開通に伴う船の小型化と減便

　本四架橋開通前、当時の運輸省により、影響が予想される旅客船航路の再編計画が審議され、対象航路とその対応を要求する内容が取り

まとめられた。宇高航路はJR宇高連絡船の廃止は不可避だったが、フェリー各社は規模を縮小しながらも航路は存続する方向となった。

　宇高国道フェリーは減便と使用船の小型化で対応した。小型化対応した最初の2隻、りつりん丸（二代）とこんぴら丸（二代）は架橋の開通前に建造されて高松港へ回航。就航するまでの間、暫時港外へ沖泊して待機。架橋開通後に新造2隻が就航すると共に、在来船4隻が退役して、高松東港および朝日町G地区東側へ係船された。

　それからは、小型化された新造船の就航により、在来船は1隻ずつ淘汰され続け、一旦は新造5隻と予備船こうらく丸の態勢となり、便数は削減されたものの、割高な架橋通行料金が幸いして、約30分間隔での運航状態で一旦は落ち着く。

　平成10年、長らく宇高国道フェリー船隊の主であった、こうらく丸（二代）が遂に淘汰され海外売船された。これ以降の定期ドック時は、減便での対応が元津国汽船のふじ丸を入手するまでの間、暫く続く。


## 更なる減便、やがて運航休止へ

　平成20年以降、景気の低迷や燃料費の高騰、および架橋通行料金の値下げによるトラックをはじめとした利用車両の架橋へのシフトが進み、段階的に減便・減船が続く。

・平成20年4月、1日37往復に減便。

子会社の国道フェリー㈱を設立。事業譲渡の上、同社での運航とする。

・平成21年12月、1日22往復へ減便。

　四国フェリーと相互に出航時刻をずらして利用者の便宜を図る。

ふじ丸の引退に伴い、再び予備船がなくなる。

・平成22年2月、四国フェリーと同時に航路廃止を決定。

・同年3月、廃止を一旦撤回。（四国フェリーも同様に廃止を撤回）

・同年4月、一日16往復へ減便。稼働3隻へ減船。

・平成24年6月、一日13往復へ減便。終夜運航を中止。

そして平成24年10月17日、遂に宇高国道フェリーは運航休止することとなった。普段はつなぎ姿の各船の船長も最終日は正装で臨み、各船ごとに高松港へ最後の着岸後、労いの花束贈呈が行われた。夕刻の最終運航便、こくどう丸の車両甲板では宇野港出港前と高松港到着後に終航式が行われ、社員が皆、万感の思いで臨んでいた。

昭和36年、順風満帆に就航して宇高航路のシンボルとして君臨してきた同社は、本四架橋という長年の偉業が実現されたのと引き換えに、役目を全うして消えた。その後、唯一残った四国急行フェリーも令和元年12月に廃止され、宇高航路自体が過去帳入りとなった。

運航最終便こくどう丸　林 彦蔵撮影

こくどう丸船長による就航式挨拶時の言葉、「この日が来るとは夢にも思いませんでしたけど、（結局）悲しい事実となってしまいました」の語りが印象に残る。

本四架橋が開通し、物流活動の経路が変わり、ＪＲ宇高連絡船廃止を皮切りに、「散る桜、残る桜も散る桜」のごとく、一隻また一隻と航路から居なくなり、長きにわたり歴史を刻んできた宇高航路は完全に消滅して、文字どおり"消えた航跡"となってしまった。

# くれまつフェリーの13隻
## －呉・松山フェリー小史－

写真は初代おんど丸　この頃は４隻で1日16便の運航だった
（会社作成パンフレット）

昭和30年代末になると全国にフェリー網が敷かれていく。東瀬戸では明石〜岩屋、福良〜鳴門、神戸・長田〜浦、深日〜洲本、宇野〜高松、西瀬戸では今治〜三原、波方〜竹原、と計7航路が開設される。芸予航路の一番手は、瀬戸内海汽船の「シーパレス」（「前書3」128頁）であった。

　呉・松山フェリーは1964年（昭和39年）2月5日（9日）、資本金300万円で設立される。バックには加藤海運があって、初期のフェリーは加藤海運の所有であり、最後まで加藤グループに属していた。本社は広島県呉市阿賀町5丁目におかれていた。「シーパレス」就航に遅れること5日、同年3月30日「あが丸」と「ほりえ丸」の2隻で貨物定期航路としてスタートする。それから2009年までの45年間、延べ13隻によって呉市阿賀と松山市堀江を約2時間（1時間50分）で結んでいた。

　本書94頁の宇高国道フェリーとファンネルマークがよく似ている。それもそのはずで呉松は加藤海運、宇高は加藤汽船の関連会社であった。さらに呉松は、貨物フェリーで坂出〜児島間を1時間で結ぶ小坂フェリーの子会社だったという。

パンフレットよりロゴとファンネルマーク　（真ん中は「煙突マーク集」より）

　宇高のほとんどのフェリーにはファンネルマークはなく、モニュメントみたいなもの（上の右端写真）を掲げていた。宇高の会社制作パ

ンフレットには、「船と車輪を抽象化した当社のヘッドマーク」と書か
れている。

ここで先に歴代就航船13隻を表にまとめてみる。

| 就航年月日 | 船名 | 総トン数 | 速力 | 定員 | 建造所 | 備考 |
|---|---|---|---|---|---|---|
| 64, 3, 30 | あが丸 | 294.20 | 12 | 12・6・6 | 幸陽船渠 | 75年削除 |
| 〃 | ほりえ丸 | 293.70 | 〃 | 〃 | 〃 | 76年削除 |
| 66, 12, 1 | おんど丸 | 391.98 | 12.5 | 251・30・6 | 神田造船 | 83年削除 |
| 69, 3, 1 | どうご丸 | 420.43 | 10.2 | 300・50・6 | 松浦鉄工 | 84年削除 |
| 72, 8, 30 | あが丸② | 420.46 | 13 | 318・50・10 | 今村造船 | ※87年削除 |
| 74, 11, 22 | ほりえ丸② | 451.40 | 〃 | 350・50・14 | 若松造船 | ※91年削除 |
| 80, 4, 27 | おんど丸② | 470.38 | 〃 | 〃 | 〃 | ※96年削除 |
| 82, 12, 2 | どうご丸② | 470.65 | 〃 | 〃 | 〃 | ※99年削除 |
| 85, 6, 28 | あが丸③ | 604.00 | 〃 | 〃 | 〃 | ※05年削除 |
| 87, 10, 30 | ほりえ丸③ | 657.00 | 13.5 | 320・55・14 | 〃 | 07年8月海外売船 |
| 92, 7, 29 | ニューかめりあ | 614.00 | 〃 | 280・60・15 | 〃 | 11年頃削除 |
| 95, 7, 24 | かめりあ2 | 639.00 | 〃 | 320・60・15 | 〃 | 〃 |
| 97, 7, 20 | 3かめりあ | 653.00 | 〃 | 〃 | 〃 | ※〃 |

定員は旅客・乗用車・トラック（バス）の順　○の数は2〜3代目を表す　車両
航送能力など年によって若干異なる船がある。
※印は船舶整備公団（現　鉄道建設・運輸施設整備支援機構）共有船
削除は日本船舶明細書から削除　海外売船されたものが多いと思うが現時点で不明
「3かめりあ」は登記上の船名で、欧文表記は「Sun Camellia」とされる

初代の「あが丸」と「ほりえ丸」の2隻は貨物専用のフェリーであり、
旅客定員は貨物船限度の12名である。1日6便（8便）でスタートし
た。同年年末には開設時の3倍以上の月3,300台の利用があり、産業フェ
リーとして認知される。当時は、貨物フェリーからスタートするフェ
リー会社が多数あった。

貨物フェリー当時のあが丸

あが丸 （「海に生きる」より）

ほりえ丸　上下
藤木洋一氏所有　西口公章氏提供

　1965年（昭和40年）11月貨物定期航路を廃止、1966年（昭和41年）3月旅客免許を受け、「あが丸」は同年2月、「ほりえ丸」は同年3月に旅客フェリーとして改造される。両同型船は、旅客定員152名、乗用車20台、バス8台、大型8トン積みでは8台となっている。旅客定員は貨物専用時の定員12人からすれば大幅増である。

　上の写真は改造前の貨物フェリーのものであり、下は改造された「ほりえ丸」と推測している。

左頁下の写真は、1977年9月4日下関港にて西口公章氏撮影ものである。船名「ほりえ丸」は消され、船名の下に書かれている「HORIE MARU」が残っている。初代「ほりえ丸」の引退後の姿である。1975年、普久汽船（和歌山県有田郡）の外国の子会社に売却されパナマ船籍になり、そのまま日本国内に留まったのではないかというのが西口氏の推測である。上の「ほりえ丸」と同じ船とは思えないほどの大幅な改造だ。

　旅客免許のおりた年の1966年（昭和41年）12月には本格的な旅客フェリー「おんど丸」が就航し、3隻で11便となり（初代「どうご丸」が就航する前まで）、昭和41年〜43年頃の時刻表によると下のように1日12便となっている。

| 便 | 阿賀発 | 堀江発 | 便 | 阿賀発 | 堀江発 |
|---|---|---|---|---|---|
| 1 | 5：00 | 4：30 | 7 | 14：30 | 13：30 |
| 2 | 6：30 | 5：30 | 8 | 16：00 | 15：00 |
| 3 | 8：00 | 7：30 | 9 | 17：00 | 16：30 |
| 4 | 9：30 | 9：00 | 10 | 19：00 | 18：00 |
| 5 | 11：00 | 10：00 | 11 | 20：30 | 19：30 |
| 6 | 12：30 | 12：00 | 12 | 21：30 | 21：00 |

　運賃は旅客2等のみで350円、乗用車は3m未満1,500円から始まり4.5m〜5mは2,800円となっている。これは、松山〜呉〜広島を結ぶ瀬戸内海汽船、石崎汽船共同運航の松山〜呉間の料金よりも安い設定である。のりばは、呉が阿賀港で、松山は堀江港であった。

阿賀港のりば

現在の阿賀港

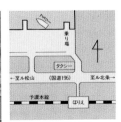
堀江港のりば

阿賀港のりばは、呉線呉阿賀駅から連絡バス（呉市営）や専属タクシーがあり、徒歩で15分の距離にあった。当初、呉市中央桟橋にのりばをするよう会社は希望したが、飽和状態という理由で阿賀になったといういきさつがある。航行距離は短くなり、交通量の多い危険な音戸の瀬戸を通らなくてもいいのでかえって都合がよかったという。ただ徒歩客にとっては、呉から列車で一駅行く不便な地ではなかったと思われる。現に終戦直後に瀬戸内海汽船と愛媛汽船が松山、今治航路に阿賀港を利用していたが3年で廃止となり、"定期航路の育たない港"と言われていた。40年を超えて慣れ親しんだのりばは、2008年（平成20年）11月17日の始発便から少し南の阿賀マリノポリスに移転(131頁)する。

　一方の松山側堀江港は、戦後すぐの1946年（昭和21年）国鉄の仁堀航路（広島の仁方〜堀江）が開設され、1982年（昭和57年）まで続いた。本航路が開設されると、一時期2航路が存在していたことになる。航路がなくなってからの現在の姿は「前書3」の82頁に載っている。

　この時代は、車トラックは予約制を取っていて、電話で事務所に申し込むようになっていた。ガイドには国道185号線（中国）と196号線（四国）を結ぶ最短コースと説明されている。

　1969年（昭和44年）3月から「どうご丸」が加わって、両港始発4時30分、終航21時30分発の1日16便となり、一層輸送力がアップした。

　次に、「どうご丸」と同型船の二代目「あが丸」が就航する。この2

おんど丸（「日本のカーフェリー」より）

どうご丸（野呂山パンフレットより）

隻は同型船でありながら建造所が異なる。就航船の前半では「おんど丸」だけが同型船のない船となっている。1971年（昭和46年）10月4日午後3時47分ごろ堀江港で「あが丸」が岸壁に衝突し、乗客18人がけがをする事故が起こる。

　時刻表はマイナーチェンジしながら船は入れ代わるが4隻体制で、しばらく1日16便運航される。1974年（昭和49年）から二代目「ほりえ丸」が就航する。二代目「ほりえ丸」は初めて北九州の若松造船で建造された船である。この間、経営の合理化のため加藤汽船との用船契約を解除、「おんど丸」「ほりえ丸」陸上施設、桟橋ともども自社所有に切り替えている。しかし、加藤汽船との関係は最後まで続いたものと考えられる。

ほりえ丸②　1979.9　堀江港にて
露崎英彦氏撮影　西口公章氏提供

おんど丸②　（会社パンフレットより）

　そのあと8隻すべてが若松造船で造られる。若松造船は1944年（昭和19年）に創立された造船所である。少しさかのぼって沿革にふれ、その後を簡単に紹介する。

　1941年（昭和16年）2月8日　福岡県若松市外町8丁目 飛鷹造船
　　鉄工株式会社として発足。その後、日本水産が自社建造及び修理
　　のため資本参加。

　1943年（昭和18年）7月　日本海洋漁業統制㈱が自社所有の戸畑工
　　場を現物出資

　1944年（昭和19年）8月　洞ノ海造船株式会社と改称（出資株主

日本水産 60%　日本製鉄 40%）

　1948 年（昭和 23 年）9 月　工場閉鎖

　1956 年（昭和 31 年）6 月　増資して後に日本水産が株主 100％となる。

　1964 年（昭和 39 年）9 月 25 日　若松造船と改称

　当然漁船中心に建造しているが、淡路フェリーのフェリーも造っていて、発注先は三菱重工下関であった。その後も日本水産（現　株式会社ニッスイ）出資の会社であり続け、1998 年（平成 10 年）7 月ニッスイマリン工業と合併し事業を継続している。

　二代目「ほりえ丸」から二代目「おんど丸」、二代目「どうご丸」、三代目「あが丸」と 4 隻は同型船である。ただ「あが丸」だけトン数が大きいのはなぜだろうか。次の三代目「ほりえ丸」は、ブリッジ下の客室が舷側まで広がり窓がつくられていてトン数も増えている。1992 年に就航した「ニューかめりあ」から、3 隻が同型船となる。結果的に就航船後半では、三代目「ほりえ丸」だけが同型船のない単独のフェリーとなった。

ほりえ丸③　会社作成パンフレット

　1990 年（平成 2 年）4 月 1 日の改定で 2 便増え、18 便となる。始発は 4：00 発、終便は 22：30 発で、所要時間 1 時間 50 分、船も 5 隻所有していた。ユニークな取り組みとしては希望者にはブリッジ見学を実施していた。

　しかし便数で言えばこの時期がピークであった。そのあとは減便されていく。創立 30 周年を迎えた 1994 年（平成 6 年）には 30 を模った置時計もつくられ、「創立 30 周年記念　呉松山フェリー株式会社 平成 6 年 2 月 5 日」と記されている。

| 便 | 阿賀発 | 堀江発 | 便 | 阿賀発 | 堀江発 |
|---|---|---|---|---|---|
| 1 | 4：00 | 4：00 | 10 | 13：30 | 13：30 |
| 2 | 5：00 | 5：00 | 11 | 15：00 | 15：00 |
| 3 | 6：00 | 6：00 | 12 | 16：00 | 16：00 |
| 4 | 7：00 | 7：00 | 13 | 17：00 | 17：00 |
| 5 | 8：30 | 8：30 | 14 | 18：30 | 18：30 |
| 6 | 9：30 | 9：30 | 15 | 19：30 | 19：30 |
| 7 | 10：30 | 10：30 | 16 | 20：30 | 20：30 |
| 8 | 11：30 | 11：30 | 17 | 21：30 | 21：30 |
| 9 | 12：30 | 12：30 | 18 | 22：30 | 22：30 |

平成2年9月時刻表　おんど丸　　平成9年4月時刻表　ニューかめりあ　ニューかめりあテレカ

　実施開始時期は明らかではないが、チャータープラン（貸切船）も
なされていた。設備からして宿泊は伴わないと思われるコースの例と
して、所要時間7時間の小倉や小豆島（貸切団体バスの航送か）をは
じめ20例が示されている。日帰りリクレーションの行く先として、宮
島、大三島、境が浜マリンパーク、呉ポートピア、江田島術科学校、グリー
ピア安浦などが挙げれている。次頁の写真でもわかる通り、最上デッ
キにはカラオケルームがあり（定員約30名）、繁忙期には客室として
使用していたと思われる。

　チャーター用のパンフレット「瀬戸内見聞録」を作成している。
「ニューかめりあ」と「3かめりあ」のものを挙げておく（次頁）。

　2005年(平成17年)9月1日には14便になる。翌2006年(平成18年)
4月にしまなみ海道が暫定的に開通すると、同年9月1日改定でまた
1便減って13便となる。

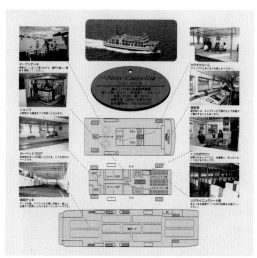

ニューかめりあ

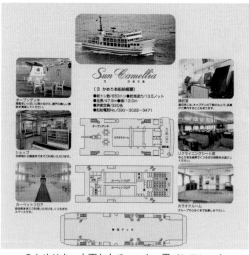

3かめりあ　上下ともチャーター用パンフレット

　2007年（平成19年）3月1日からは橋の打撃をカバーしようと、呉
に定期航路を持つ7事業者が下船しない往復利用、ここでは "お散歩
クルーズ" と名付けて実施する。呉松フェリーでも往復2000円で実施

平成18年9月1日改正の時刻表

する。だが、2008年（平成20年）9月1日改定によりピーク時の半分1日9便までになってしまう。前述したように、この年の11月17日の始発便から以前より約800 m南の新ターミナル使用となる。

　呉市は阿賀地区に物流機能強化のために埋め立てをして、阿賀マリノポリスと名付ける。その一角に約5億円をかけて阿賀マリノフェリーターミナルと称したのりばをつくる。阿賀駅から無料送迎車を運行していた。ところが、減便したところにさらに追い打ちをかけたETC1000円特割政策がとどめを刺すことになった。4月の乗用車利用台数は、昨年同期比半減、トラックは約40％に落ち込んだ。ターミナルを移転して1年もたたない翌2009年（平成21年）6月30日をもって運航停止となる。阿賀、堀江港ともに17時30分発19時20分着が最終便であった。阿賀港では蛍の光が流れる中、呉市産業部長が船長に花束を渡し、乗客約30名、車10台を乗せた「3かめりあ」が出港した。

　新しくつくられた可動　橋とターミナルは、未だに阿賀マリノポリスの隅に残っている。

　松山〜呉〜広島航路と比べたら地味な航路であった。乗船したこと
もあったが、反航する船も当社以外になく、船のから眺める景色も島
が少なく印象が薄い。最後の方は売店もなかったように思う。

　45 年間、13 隻に引き継がれ守られてきたこの航路もまた「橋」にや
られてしまった。移転したターミナルの片隅には今でも下のような社
名とロゴが残っていた。

参考文献
全国フェリー航路時刻表　社団法人日本旅客船協会編集　株式会社現代社　昭和 46 年 10 月
船舶煙突マーク集　海上警備研究会編　成山堂書店　昭和 41 年
瀬戸内海の旅　観光の手引き　瀬戸内海観光都市連盟　昭和 44 年 3 月
石崎汽船史　海に生きる　平成 7 年 9 月
日本のカーフェリー　その揺籃から今日まで　海人社　平成 21 年 3月
広島県史　現代　1983 年
呉港　中国新聞呉支社　中国新聞事業局出版課　1968 年
フェリー・旅客船ガイド　各号　日本海事通信社
日本船舶明細書　各号　日本海運集会所
世界の艦船　各号　海人社

# 真夜中の乙女丸から
## －共正海運小史－

上　右　徳島港のりば
下　最大のフェリー おとめ丸

共正海運は、以前から調べたい会社の一つであった。そのきっかけは、約50年前にさかのぼる。高校2年生の頃、1年後輩の福冨廉さんと関西汽船で高知〜甲浦往復（行きは「明石丸」、帰りは「平和丸」）の小さな船旅をした。帰りの船を待つために甲浦で徹夜したとき偶然見たのが「乙女丸」であった。真夜中、外灯の光で照らされる真っ黒の船体が印象的だった。船名を覚えていて、後で調べてみると共正海運の船だと分かった。客船の「乙女丸」がなぜ甲浦にいるのか疑問を持ち、会社に往復はがきを出したのを覚えている。

　共正海運（のちの共正汽船）の読み方は、「きょうしょう」海運。会社は今も続いている。しかし船を動かす仕事はなくなり、貸倉庫業、賃貸マンション、駐車場などの不動産業、ゴルフ練習場、石油販売業などを営んでいる。今でも本社ビルには、写真のように共正海運、共正汽船、徳島高速と名前が表記されている。共正海運は貨物船からスタートし、貨客船、フェリー、高速船と船種は変わっていく。本稿では貨客船からはじめ、貨物船、フェリー、高速船と追っていくことにする。現在判明している船の就航順にたどってみよう。

現在の本社　徳島市　　　　　　　　　（「船舶煙突マーク集」より）

## 貨客船、貨物船時代

　1918年（大正7年）共正海運が合資会社として発足し、1931年（昭

和6年）12月15日株式会社（資本金5万円、本社神戸）となる。社長は大久保訓次郎氏で、当時30歳の若い経営者であった。航路は徳島〜阪神間で、木造機帆船によって貨物輸送、荷役業などを主とした。

## 1　貨客船

　1937年（昭和12年）7月、定期旅客船事業を始める。貨客船の「ときわ丸」（190.22総トン）が就航する。ファンネルマークは黒地に「共」の文字が白で描かれていた。

　「ときわ丸」の建造時は、兵庫県垂水の船主、大久保カツノ氏である。創業者と姓が同じで親族と思われ、実質上の共正海運所有である。

　ときわ丸要目

中田造船建造　1936年11月建造

全長36.61m　幅6.25m　深さ2.60
　　m　総トン数190.22トン

主機関　焼玉300馬力　最大速力
　　12.30ノット　航海速力10.50ノッ
　　ト（8.4ノット）

旅客定員108名

ときわ丸　（「船舶史稿」より）

　もう1隻「つかさ丸」がこの時代、就航していた。ただし、この船を共正海運が運航していたかどうかの確証はない。状況的にはこの船もまた共正海運のものであった。

　つかさ丸要目

船主（建造者）犬伏アキ子（兵庫垂水）※この方が共正海運大久保氏の親族
　　ではないか推測する

中田寅太郎（大阪）建造　1935年10月進水

垂線間長35.02m　幅6.26m　深さ2.60m　総トン数164トン

主機関　焼玉300馬力　最大速力11.0ノット　航海速力10.0ノット　旅客
　　定員108名

※九州商船時代の写真は168頁にある。

「ときわ丸」「つかさ丸」の貨客船をはじめ下に記される貨物船は、1942年（昭和17年）から1944年（昭和19年）にかけて国策による企業や資本の合同推進により、日本汽船、日本近海汽船などに売却される。

　終戦直後の1945年（昭和20年）11月、木造船により旅客輸送を再開する。1947年（昭和22年）5月、再び「ときわ丸」を購入し就航させる。続いて1949年（昭和24年）7月、初代「甲山丸」が購入される。同年12月、海上運送法による海上旅客定期航路事業（徳島～阪神）の免許を受ける。戦後の旅客輸送の始まりである。

貨物船時代の甲山丸
（「船舶史稿」より）

貨客船時代と思われる甲山丸
宮崎光男氏撮影

甲山丸要目

占部造船鉄工所（大阪）建造　1934年建造
全長36.57m　幅7.01m　深さ3.50m　総トン数227トン→311.03トン
主機関　D430馬力　空船速力10.5ノット　満船速力9.5ノット　定員169名
「甲山丸」は1934年建造で、元貨物船。共正海運によって貨客船、客船と改造されたものである。

客船改造の甲山丸　（「日本商船明細画報」より）西口公章氏提供

1951年（昭和26年）、戦後初の新造船「**乙女丸**」が就航する。

乙女丸要目

三菱重工神戸造船所建造

起工 1950 年 10 月 14 日　進水 1951 年 2 月 3 日　竣工 4 月 10 日

全長 38.50 m（登録長 42.35 m）幅 7.50 m　深さ 3.60 m

総トン数 325.08 トン（347.0 トン）

主機関　D 600 馬力（670 馬力）最高速力 11.4 ノット　航海速力 9.5 ノット

旅客定員　1 等 52 名 2 室　2 等 96 名 1 室（以前 2 等 52 名　3 等 114 名）

乙女丸

　「乙女丸」の就航により「ときわ丸」は宝海運に売却し、「甲山丸」
と 2 隻体制になる。

　大阪のりばは、現在の大阪市西区安
治川 2 丁目に当たる。三角形の部分に
「徳島行のりば」と書かれ正面には共正
海運と書かれていた。前頁の甲山丸の
写真撮影場所と変わっていないことが
分かる。ただ、右の写真は 2020 年 1 月
のもので、残念ながら現在は取り壊さ
れている。撮影者は大阪市在住、栖原
信裕氏である。

　徳島のりばの写真は 133 頁に載って
いる。

昭和 29 年の時刻・料金表より

| 徳島 | 神戸 | 大阪 |
|---|---|---|
| 21：00発→ | 03：00着→ | 16：00着 |
| 06：00着 | ←24：00発 | ←21：00発 |

大阪・神戸〜徳島　300 円

大阪〜神戸　60 円

　右の広告を見ても分かるが、２等
は寝台付きとなっている。運賃は上
記の料金の２倍程度を想定していた
のでないか。

乙女丸　（四国海上案内広告 昭和29年より）
栖原信裕氏提供

　「乙女丸」が就航して 10 年経った
1961 年（昭和 36 年）、新しい**二代
目「甲山丸」**が就航し、初代「甲山丸」
は貨物船として使用され、1971 年（昭和 46 年）に売却される。

　二代目甲山丸要目

新三菱重工（三菱重工）神戸造船所建造　国内旅客船公団（船舶整備公団）
　共有

起工 1960 年 10 月　進水 1961 年 1
　月 31 日　竣工 3 月

全長 50.0 m　垂線間 45.70 m（46.45）
　幅 8.3 m　深さ 3.8 m　総トン数
　437.32 トン

主機関　D 750 馬力　最高速力 14.1
　（14.01）ノット　航海速力 11.5
　ノット

甲山丸

旅客定員　特等 63 名（特等寝台 46 名　特等畳室 17 名）　並等 66 名

　これらの船は貨客船であり、載貨重量トンも記すべきと思うが省略
した。

　「ときわ丸」、初代「甲山丸」については、主に西口公章氏の調査や
船舶史稿による。貨客船「かいし」も所有船であったという情報があ

るが、氏に調査を依頼し自身でも調べたが、確証がえられなかったので非常に興味深い船であるが掲載を見送った。

山高五郎氏の手による進水記念絵はがき

　数年後には貨客船の時代は終わり、カーフェリーが中心になっていく。


## 2　貨物船

　創業は徳島阪神間の貨物輸送からスタートする。初期の頃で船名が判明しているのは、木船「第三共正丸」(116 総トン)と次の 2 隻である。1932 年(昭和 7 年)購入し翌年「富士丸」(164 総トン)と改名する貨物船と、1939 年(昭和 14 年)竣工した「岩戸丸」(526 総トン)である。1940 年(昭和 15 年)には貨物自動車運送の事業も始め、陸海一貫輸送の態勢が整う。

　戦後は、1954 年(昭和 29 年)に石油タンカー「春景丸」(1,071 重量トン)、1958 年(昭和 33 年)には「春晴丸」(2,856 重量トン)が就航し、2 隻とも貸船をしている。

　1959 年(昭和 34 年)1 月には徳島航路中継で阪神〜高知間で貨物船定期便を開始する。

　翌 1960 年(昭和 35 年)5 月には役員出資で傍系会社共和汽船(資本金 200 万円)を設立している。その後は貨物船は造られず、フェリー事業に転換していく。

## 2つのフェリー航路設立

　フェリー時代に対応して共正海運も2つの航路の開設に参画する。一つは共同汽船（旧阿波国共同汽船）と徳島〜深日（大阪府）の徳島フェリーを、もう一つは関西汽船、共同汽船とともに徳島〜神戸・大阪航路の徳島阪神フェリーを開設する。


### 1　徳島フェリー

　1964年（昭和39年）11月24日、徳島―深日間の旅客定期航路事業の免許が下りる。会社名は徳島フェリー（初期には徳島フェリーサービスと称したが翌年7月改称）とし、共正海運から「**いずみ丸**」、共同汽船から「**あわ丸**」、そして両社共有で「**とくしま丸**」の3隻の共同運航であった。

　1965年（昭和40年）8月20日、「いずみ丸」「あわ丸」の2隻で運航を開始する。ちょうどこの日は阿波踊りの日で、深日港午前3時50分発の「いずみ丸」はマイカー族で満載だったという。

いずみ丸（会社作成パンフレットより）

「全国フェリー航路時刻表」には次のように紹介されている。
　　2時間半で四国⇔近畿を直結　愛車をまもる（カーデッキ方式）
　　四国－近畿（63km）の快適・豪華な海上ドライブあわ、いずみ丸、と

くしま丸が就航1日11往復の増便です。大型バスで16台、乗用車なら70台、旅客618名を一度にはこぶ2500トンの大型フェリーです。

　17ノット（時速31.5km）2時間半のスピードで、近畿、四国をひとまたぎ、あなたの愛車は徳島フェリー独特の（カーデッキ方式）が潮風から守り安心です。

いずみ丸　（「経歴書」より）

## いずみ丸要目

起工 1965年1月14日　進水4月30日　竣工8月12日　波止浜造船建造
全長68.7m　幅12.60 m　深さ4.40 m　総トン数1,051.35トン
ディーゼル2基　1,500馬力×2　最大速力16.878ノット　航海速力15.0ノット
6トントラック26台（25台）　乗用車のみ70台　旅客611名　乗組員28名

本船は、「あわ丸」と同時に同じ造船所で造られた同型船である。波止浜造船の2号船台が「あわ丸」、3号船台が本船であった。フェリー建造でこのケースは初めてであり、その後も聞いたことがない。1枚の進水記念はがきが2隻分のものである。

大久保一郎氏の手による　2隻の進水記念絵はがき

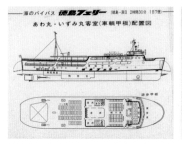
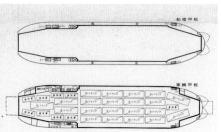

　カーデッキ方式とは初めて聞く言葉であるが、多分すべての車をエンクローズされたデッキに搭載するいうことだろう。当時は、潮風にさらされながら航行する小型フェリーが多かったからである。

　バウスラスターを備え、2基の主機関はリモートコントロール、BGMが流れる船内、客室は冷暖房が完備、とパンフレットでうたっている。

　その他、ショッピングコーナー、浴室（ドライバー専用）、それにマリンガールの存在も説明している。当時としては珍しい "BGMが流れる船内" は本船のウリのようであった。客室冷暖房完備、公衆無線電話、売店あり、指定席はリクライニングシート指定席券（1人300円）、椅子席は2人用及び4人用、座席及び運転手休憩室はカーペット敷と書かれているパンフレットもある。

特別船室(特2)

2等船室

椅子席

パステルカラーのベンチ

　もう一隻の「とくしま丸」は、1969年（昭和44年）10月31日に就航、共正海運と共同汽船の共有のフェリーであった。

とくしま丸（会社作成パンフレットより）　　　とくしま丸のマッチ

　マッチの横には「最短ルートを本土一直線」と書かれていて、本航路の特徴を表している

　とくしま丸要目

起工 1969 年 5 月 9 日　進水 8 月 29 日　竣工 10 月 29 日　三菱重工下関造船
　　所建造

全長 69.51m　幅 14.80 m　深さ 4.50 m　総トン数 1,220.12 トン

ディーゼル 2 基　1,860 馬力×2　最大速力 16.97 ノット　航海速力 15.1 ノット

大型トラック 22 台　乗用車 9 台　旅客 618 名　乗組員 30 名

時刻表

| 上り | | 便名 | 下り | |
|---|---|---|---|---|
| 徳島発 | 深日着 | | 深日発 | 徳島着 |
| 01：50 | 04：20 | 1 | 01：05 | 03：35 |
| 04：50 | 07：20 | 2 | 03：50 | 06：20 |
| 07：50 | 10：20 | 3 | 06：00 | 08：30 |
| 09：25 | 11：55 | 4 | 07：55 | 10：25 |
| 10：50 | 13：20 | 5 | 10：50 | 13：20 |
| 13：50 | 16：20 | 6 | 12：25 | 14：55 |
| 15：25 | 17：55 | 7 | 13：55 | 16：25 |
| 16：50 | 19：20 | 8 | 16：55 | 19：20 |
| 19：50 | 22：20 | 9 | 18：35 | 21：05 |
| 21：30 | 24：00 | 10 | 19：55 | 22：25 |
| 22：50 | 01：20 | 11 | 22：50 | 01：20 |

　旅客運賃表（一般旅客、乗車旅客）は初期の段階では提示されていない。車両航送料金は、トラック 4〜5 m は 3,000 円、乗用車 4.5 m〜5 m まで 4,000 円、バス 7 m まで 7,000 円（空 3,500 円）、トラック 7

mまで4,000円となっている。旅客運賃は設定されず、徒歩客は乗船できなかったのではないかと想像できる。「特別船室利用の場合は航送料の外に1人につき300円を別途いただきます」の一行も付け加えられている。

その後の運賃表は次のようになっている。南海電車の深日港駅発着の接続時刻が、上り10便、11便、下り2便、3便を除いて表記されている。徒歩客も扱うことになったのだろう。

| 等級等 | 特2等 | 2等 | 5m未満乗用車 |
|---|---|---|---|
| 料金 | 750円 | 450円 | 3,000円 |

のりば

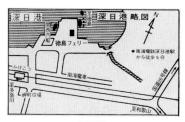

徳島港　末広岸壁　　　　　　　　　　　深日港

徳島港のりばの現在　　　　深日港のりばの現在　　　　手前が岸壁

現在の深日港駅前　　　　　深日港駅の現在　　　　今は使用されていない改札口
　　　　　　　　　　　　　　　　　　　　　　　　　深日港写真は鴻上大輔氏撮影

1985年（昭和60年）徳島鳴門と淡路島福良を結ぶ大鳴門橋が完成すると、淡路島に渡り近畿各方面へのフェリーを利用する方法が一般的となり、4便に減便され「とくしま丸」1隻の就航となってしまう。

| 上り | | 便名 | 下り | |
|---|---|---|---|---|
| 徳島発 | 深日着 | | 深日発 | 徳島着 |
| 01：50 | 04：20 | 1 | 04：50 | 07：20 |
| 07：45 | 10：15 | 2 | 10：50 | 13：20 |
| 13：50 | 16：20 | 3 | 16：55 | 19：25 |
| 19：50 | 20：20 | 4 | 22：50 | 01：20 |

1993年（平成5年）5月をもって運休となる。21年間の就航であった。

## 2 徳島阪神フェリー

徳島と神戸、大阪を結ぶ徳島阪神フェリーは1971年（昭和46年）8月1日、共同汽船「うらら丸」（2,924.33総トン）が就航した。前日の23時30分からは徳島港のりばで共同汽船の専務、徳島阪神フェリー社長など約30人が参加して出航式を行ったという。

2か月遅れの9月28日共正海運の「**おとめ丸**」（2,922.29総トン）が就航、その日の徳島新聞全面広告には「本日第2船"おとめ丸"就航　いちばん速い直行便」と書かれていた。それから1月弱遅れて10月21日、関西汽船「おとわ丸」（2,945.16総トン）が就航し、最終的に3隻で運航される。

『全国フェリー航路時刻表』によると、次のように紹介されている。

　阪神と徳島を結び3,000トンの豪華フェリーが20ノットの高速で、つかれない楽しい船旅を満喫させてくれます。レストラン、スナック、バスルーム（筆者注　ドライバー専用だったと思われる）などデラックスな設備で"便利で豪華な"旅ができます。車なしでも利用できます。

おとめ丸要目

1971 年 5 月 20 日起工　7 月 23 日進
　水　9 月 24 日竣工　福岡造船建造
全長 101.55m　幅 19.2 m　深さ 6.15 m
　総トン数 2,922.29 トン
ディーゼル 4 基　2,000 馬力 × 4
最大速力 20.42 ノット　航海速力
　19.12 ノット　船価 8 億 6,380 万円
トラック（8 t）50 台　乗用車 30 台
　旅客 650 名（1 等 70 名　2 等
580 名乗組員 38 名（32 名）

おとめ丸　1998.3　大阪南港
栖原信裕氏撮影

「うらら丸」と「おとめ丸」は同じ建造所で、竣工日も 2 か月の差し
かない同型船であるが、煙突の高さは「おとめ丸」の方が短いという。

うらら丸

おとわ丸

時刻表

| | 下り | | | 上り | | |
|---|---|---|---|---|---|---|
| | 大阪発 | 神戸発 | 徳島着 | 徳島発 | 神戸着 | 大阪着 |
| 1 | | 02：00 | 05：10 | 00：00 | → | 03：20 |
| 2 | 6：00 | → | 09：20 | 05：00 | 08：10 | |
| 3 | | 09：00 | 12：10 | 08：00 | 11：10 | |
| 4 | | 12：00 | 15：10 | 10：30 | 13：40 | |
| 5 | | 14：30 | 17：40 | 13：00 | → | 16：20 |
| 6 | 17：00 | → | 20：20 | 16：00 | 19：10 | |
| 7 | | 20：00 | 23：10 | 18：30 | → | 21：50 |
| 8 | 23：00 | → | 02：20 | 22：00 | 01：10 | |

運賃表

| 等級など | 1等 | 2等 | 5m未満乗用車 |
|---|---|---|---|
| 料金 | 1,300円 | 650円 | 2,800円 |

　のりばは、徳島が徳島阪神フェリーセンター、神戸が神戸フェリー
センター、大阪が南港となっている。

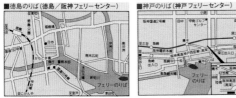
現在の南海フェリー乗り場

F2バースを使用していた
（「前書1」154頁参照）

第2バースを使用していた

　1973年（昭和48年）3月10日、共正海運から共正汽船と社名を変
える。将来的に高速船運航を中心とする方針があったからではないだ
ろうか。

　1983年（昭和58年）12月5日から共同汽船は「うらら丸」の代わりに、
大阪〜小松島航路を走っていた「あきつ丸」（3830.7総トン）を徳島阪
神航路に転配した。従来の3隻に比べて大きく、新しい船である。「あ
きつ丸」転配は、小松島航路に新造船「びざん丸」（4,097総トン「前書4」
91頁写真）就航に伴った措置である。「うらら丸」は余剰船となり係
船されらしく、その後の本船のことは177頁に記す。徳島阪神航路は、
瀬戸大橋完成まで四国の東玄関口と阪神を結び、四国各地から阪神に
向け乗船する車が多く一時期は満船状態だったという。

　1992年（平成4年）2月5日19時20分頃、六甲アイランドの沖6.5
kmの港内で「おとめ丸」（乗客56人）と片上汽船（岡山県日生町）所
属の「第12幸栄丸」（492トン）が衝突。「おとめ丸」は右舷中央、「「第
12幸栄丸」は左舷船尾がへこんだが、怪我人はなく約45分遅れで東
神戸フェリーふ頭に到着した。

1995 年（平成 7 年）1 月 17 日の阪神・淡路大震災により 22 日から東神戸発着を止め、すべて大阪南港発着便となる。

| 下り | 大阪発 | 徳島着 | 上り | 徳島発 | 大阪着 |
|------|--------|--------|------|--------|--------|
| 1便 | 02：20 | 05：50 | 1便 | 01：00 | 04：40 |
| 2 | 06：00 | 09：30 | 2 | 04：00 | 07：40 |
| 3 | 08：20 | 11：50 | 3 | 07：30 | 11：10 |
| 4 | 11：50 | 15：20 | 4 | 10：10 | 13：50 |
| 5 | 14：20 | 17：50 | 5 | 13：00 | 16：40 |
| 6 | 17：20 | 20：50 | 6 | 15：55 | 19：35 |
| 7 | 20：40 | 00：10 | 7 | 18：30 | 22：10 |
| 8 | 23：00 | 02：30 | 8 | 22：00 | 01：40 |

明石海峡大橋が開通する最後までこのダイヤのまま続いていく。運賃は若干上がっていった。

## ホーバークラフト・高速船の経営

これまで「高速艇」と呼んでいた呼び名は、この時代から主に「高速船」と呼ぶようになったと思う。共正海運の高速船経営は 3 つの航路系統がある。一つはメインである日本ホーバーラインから徳島高速船とつながる徳島～大阪航路、二つ目は南海フェリーと共同で運航する徳島～和歌山の南海徳島シャトルライン、そして三つ目が阪急内航汽船（阪急汽船）から徳島鳴門特急汽船を経て徳島高速船が引き継いだ神戸～鳴門～徳島航路である。まずは、高速船の第一歩、日本ホーバーラインからみてみる。

### 1　日本ホーバーライン

共正海運のちの共正汽船はグループとして高速船を経営する。その一つが日本ホーバーラインで、そのあと航路を徳島高速船が継承する。

当時注目されていたホーバークラフトの計画が持ち上がり、1971年
（昭和46年）3月神徳ホバー会社設立事務所（神戸市）が翌年5月就
航を目指し、神戸海運局に申請する。1972年（昭和47年）2月、安全
性が疑問視され資金調達も難航し認可されなかった。

　同年6月、三井造船などが経営参画することで資金面は解消し、新
会社神徳ホーバーライン株式会社（神戸市）が1973年（昭和48年）5
月（6月）設立される。10月を目標にホーバークラフト2隻を使って
徳島～大阪（1日7便）を1時間20分で、神戸～大阪間（1日3便）
を20分で結ぶ計画であった。

　ところが石油ショックの影響で許可が延期され、翌1974年（昭和
49年）12月、社名も日本ホーバーラインと商号変更し、徳島～大阪南
港を結ぶ航路で開業する。徳島フェリーと同様、共同汽船との共同運
航である。2隻のホーバークラフトの船名は、「**赤とんぼ51**」と「**赤と
んぼ52**」という。就航に先立ち12月16日午後2時から約100人を招
待し、就航披露会が行われる。当日の徳島新聞広告には「時速100ｋ
ｍ"赤とんぼ"いよいよ就航です」の文字が躍る。21日、初の徳島港
第一便午前6時55発には3名の乗客が乗船する。続く2便、3便は乗
客がなく、運航され寂しいスタートとなった。

赤とんぼ51，52の要目

三井造船千葉造船所ホーバークラフト
　基地で建造
全長16.0ｍ　幅8.60ｍ　全備約14トン
客席数48名
1,050馬力ガスタービン1基　最高時速
　約100km　航続時間約4時間

赤とんぼ51、52　（時刻表より）

　ホーバークラフトとはどんな船であったろうか。池田良穂氏著『船
のしくみ』によると次のように記されている。

船のまわりをゴムスカートで覆い、その中に空気を吹き込んで、その空気のクッション圧で船体を浮き上がらせるもの。イギリスで開発されたが、ホーバークラフトは商品名で、専門的にはエアー・クッション・ビークル（ACV）と呼ぶ。

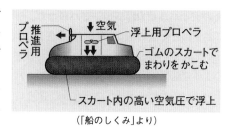
（「船のしくみ」より）

日本で初めてホーバークラフトを導入したのは九州商船で、島原〜熊本要江間（1日4往復　所要時間20分）、熊本要江〜本渡間（1日3往復　所要時間45分）を定期運航した。船名は「ひかり」（38席）といい、英国B.ホーバークラフト社製で、三菱重工神戸造船所が所有。それを用船して1967年（昭和42年）9月1日から運航開始したが、翌年7月に中止となった。その他、三菱重工が技術提携して完成したSRN6型が試験的な意味もあって鳥羽〜蒲郡間（志摩勝浦勝浦観光船会社）に就航していた。

三井造船では、1963年（昭和38年）ビッカース・アームストロング社とホーバークラフトに関する技術提携をして、1967年（昭和42年）国産初の実験艇（10人乗り）を経て、翌1968年（昭和43年）1号艇「はくちょう」を建造している。MV-PP5型と名付けられた大きさのホーバークラフトで、19隻造られた。「赤とんぼ」はMV-PP5型で、それまでの就航航路5か所よりも長かったので、初めてトイレが設置される。また技術的に注目されたのは「ドリーム3号」で、従来のタービンエンジンから空冷式高速ディーゼルエンジンに変更し、メインテナンスにかかる費用を抑えることができた。他にもMV-PP15型(155席)4隻、MV-PP05（5席）2隻など、実験艇を含めて29隻を建造している。

ホーバークラフト就航航路の例

| 航路 | 船名 | トン数 | 就航期間 | 備考 |
|---|---|---|---|---|
| 島原－熊本要江等 | ひかり | 11.36 | 67～68 | |
| 加治木－鹿児島－指宿 | エンゼル3号 | 22.8 | 74～77 | MV-PP5型　総数4隻 |
| 鳥羽－蒲郡 | はくちょう2号 | 22.78 | 69～76 | 三井造船から用船 |
| 那覇－海洋博会場 | しぐなす1，2，3号 | 107 | 75～ | MV-PP15型 |
| 七尾（能登）－小木（佐渡） | しぐなす | | 78～80 | 上記の船用船 |
| 別府－大分空港 | ドリーム1，2，3号 | 51 | | MV-PP10 |
| 宇野－高松 | かもめ・とびうお | 22.8・29 | 72～ | かもめ用船とびうお国鉄所有 |
| 八重山群島石垣－西表 | 蛟龍 | | | |

ひかり
（島原観光ホテルパンフレットより）

とびうお
（「さよなら宇高連絡船」より）

ドリーム3号
（「日本造船技術百年史」より）

ひかりの就航中の写真

試乗会の記録かもしれない

船首から乗降するのが特徴

島本雄一郎氏提供

　上記のようにホーバークラフトが就航した航路を見ると、沖縄海洋
博の時の本部～会場、宇高連絡船の高松～宇野、大分市街～大分空港

などである。一部を除いていずれも1時間に満たない航路で、波静かな海域が多い。それに比べると「赤とんぼ」は航海時間が長く、厳しい海域であった。

この時代はホーバークラストのブームで、たくさんの会社が導入を探っていた。一例をあげると、関西汽船は山陽新幹線、高速道路開通に対抗して神戸〜別府間を4〜5時間で結ぶ大型ホーバークラフトを計画していた。

「赤とんぼ」の時刻表は時期によって3種に分かれ、5月1日〜8月20日は次のとおり。

|   | 上り | | 下り | |
|---|---|---|---|---|
|   | 徳島発 | 大阪着 | 大阪発 | 徳島着 |
| 1便 | 08：00 | 09：30 | 09：45 | 11：10 |
| 2便 | 09：30 | 10：55 | 11：10 | 12：35 |
| 3便 | 11：30 | 12：55 | 13：10 | 14：35 |
| 4便 | 14：00 | 15：25 | 15：35 | 17：00 |
| 5便 | 15：50 | 17：15 | 17：30 | 18：55 |

冬期は4便となり、秋春期は若干時刻が変わる。運賃は4,300円となっている。

乗り場は、徳島側が徳島阪神フェリー（現在の南海フェリー）のりば西隣で、現在は駐車場になっているあたりである。大阪側は大阪南港のフェリーターミナル横であったと推測している。

徳島のりばあと　徳島市南沖洲5丁目

大阪ののりばあと

1976年(昭和51年)9月1日から休止する。2年足らずの就航であった。ホーバークラフトの欠点としては、波に弱く、本船も4回に1回は欠

航したというほど就航率が悪すぎた。この海域、紀淡海峡は南海丸事故（「前書3」146頁）の例のように波は高く荒れることも少なくない。また、フェリー運賃と比較しても料金が高すぎた。

『名鉄海上観光船70年のあゆみ』に各種船の燃料を比較した興味深い資料があるので挙げてみる。

| 種別 | 馬力×基数 | 燃料種別 | 1時間当り 消費量 | 1時間当り 所要費用 |
|---|---|---|---|---|
| ホバークラフトSRN2-Mark2（150人乗り） | 880×4 | 灯油 | 1,490　L | 25,330　円 |
| 水中翼船　PT-50型 （120人乗り） | 1,350×2 | 軽油 | 365 | 5,475 |
| 普通船　順風丸(200人) | 250×2 | 〃 | 96 | 1,440 |
| 普通船　野島丸(220人) | 350×1 | A重油 | 50 | 650 |

SRN2-Mark2 は米国製造のホーバークラフトである

上記の表を見ても分かる通り、燃料費は他とは比べようがないぐらい高かった。

その後、日本ホーバーラインは沖縄海洋博で使われた150人乗りのホーバークラフトを導入しようとしたが実現しなかった。

## 2　徳島高速船

日本ホーバーラインを継承する形で徳島高速船が設立され、1978年（昭和53年）に航路が開設される。

### （1）徳島～大阪航路

1978年（昭和53年）6月25日に就航し、徳島市南沖洲（みなみおきのす）と大阪天保山の107kmを2時間半で結ぶ。船は高速船1隻、船名は「さんびーむ」というCP-20型である。三井造船は1973年（昭和48年）、ノルウェー

さんびーむ（会社作成パンフレットより）

のウエスタマラン社から軽合金製双
胴高速船に関する技術導入した。そ
れにホーバークラフトで培ったアル
ミ船技術を使い、船体形状に工夫を
し、推進機関にはウオータージェッ
トを使った。三井スーパーマラン
MV-CP20 型と称し、1 号艇は 1975

ぶるーほぅく絵はがき　昭和海運作成

年（昭和 50 年）に建造され、今治〜三原間を結ぶ昭和海運「ぶるーほ
うく」、計 3 隻造られた。「さんびーむ」は 3 番目の船である。

　さんびーむ要目

起工 1976 年 5 月　進水 1978 年 5 月 23 日　竣工 6 月 20 日

全長 26.465 m（26.471 m）　幅 8.800 m　深さ 2.488 m　総トン数 191.4 トン

機関　1,125 馬力× 2 基　最高速力 27 ノット　航海速力 25 ノット

旅客定員 182 名　乗員 5 名

時刻表は次のとおり。料金は大人 3,400 円である。

| 便 | 上り | | 下り | |
|---|---|---|---|---|
| | 徳島発 | 大阪着 | 大阪発 | 徳島着 |
| 1 | 06：30 | 09：00 | 09：15 | 11：45 |
| 2 | 12：00 | 14：30 | 14：45 | 17：15 |
| 3 | 17：45 | 20：15 | 20：30 | 23：00 |

中ごろ上に天保山客船
のりば。ジェットライ
ン、共同汽船、徳島高
速の文字も見える

翌年、「さんしゃいん」と「ぶるーすかい」が導入される。同じ三井造船 CP-20 型であるが、改良型で CP-20HF という名称が付いており、トン数も定員も増加し速力も速くなっている。

さんしゃいん　天保山にて

さんしゃいん
（会社作成パンフレットより）

さんしゃいん、ぶるーすかいの要目

全長 32.8 m　幅 9.2 m　総トン数 275 トン

機関　5,080 馬力　航海速力 30 ノット　旅客定員 195 名

所要時間は 2 時間 30 分から 30 分短縮され 2 時間となり、便数も 3 便から 6 便に増えている。

| 便 | 上り | | 下り | |
|---|---|---|---|---|
| | 徳島発 | 大阪着 | 大阪発 | 徳島着 |
| 1 | 06：45 | 08：45 | 09：00 | 11：00 |
| 2 | 08：15 | 10：15 | 10：30 | 12：30 |
| 3 | 11：15 | 13：15 | 13：30 | 15：30 |
| 4 | 12：55 | 14：55 | 15：15 | 17：15 |
| 5 | 15：45 | 17：45 | 18：00 | 20：00 |
| 6 | 17：30 | 19：30 | 19：45 | 21：45 |

また、徳島高速船の本社が徳島市南沖洲町から神戸市中央区三宮 3 丁目と変わっている。

1987 年（昭和 62 年）、新造船「さんらいず」と「ぶるーすたー」が投入される。2 隻は同型船、三井造船で造られた CP-30MK Ⅲ型で、同型船に高知県マリン（高知～足摺）の「コーラル」（「前書 1」51 頁写真）がある。

さんらいずの竣工絵はがき　　　　　　絵はがきの表紙

## さんらいず要目

徳島高速船　共正汽船　船舶整備公団

起工 1986 年 12 月 22 日　進水 1987 年 6 月 15 日　竣工 7 月 16 日

全長 41.0 m　幅 10.8 m　深さ 3.4 m　総トン数 275 トン

主機関　D 2,630 馬力×2　最高速力 34.5 ノット　航海速力 31.5 ノット

旅客定員 280 名　乗務員 4 名

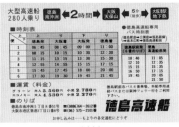

ぶるーすたー　（会社作成リーフレットより）　　　　　時刻表

## ぶるーすたー要目

徳島高速船　共正汽船　船舶整備公団共有船

竣工 1987 年 6 月 15 日

全長 41.0 m　幅 10.8 m　深さ 3.4 m　総トン数 275 トン

主機関　D 2,630 馬力×2　最高速力 36.2 ノット　航海速力 31.5 ノット

旅客定員 280 名（グリーン席 15 名　エコノミー 265 名）※「さらんらいず」
　　と同様

| グリーン船室 | エコノミー船室 | フロア席（約19名） |

　時刻表は変わらず、運賃は上がっている。

　1991年（平成3年）7月1日からは「**サンシャイン**」が就航し、続いて「ソレイユ」（165頁）が就航する。

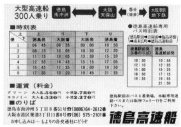

サンシャインが写る時刻表

サンシャイン要目

徳島高速船、共正汽船、神戸船舶共有

起工 1990年11月5日　進水 1991年4月26日　竣工6月5日（15日）

全長 43.2 m　幅 10.8 m　深さ 3.5 m　総トン数 299 トン

主機関　D 3,600 馬力×2　最高速力 41.2 ノット　航海速力 36.5 ノット

船客定員 300 名（グリーン 28 名　エコノミー 272 名）

| グリーン船室 | エコノミー船室 | フロア席 |

　三井造船は1991年（平成3年）6月17日「サンシャイン」を引き渡すが、

試験運転で 41.2 ノットを記録し、それは双胴船国内最高速であった。翌年 8 月 26 日、三井造船では「サンシャイン」「ソレイユ」など、軽合金非対称双胴型高速旅客船を"三井マイティキャット 40"という愛称を付けている。

　1994 年（平成 6 年）6 月、関空開港に合わせて関空、関西への利便性を考え、高速船の乗り場をまとめて沖洲マリンターミナルがオープンする。今までは、南沖洲と称されていたが、移転してからは

沖洲マリンターミナルあと　2021年12月撮影

東沖洲と書かれている。河口に向かって距離にして 500m ぐらいのところに移転する。

　同年 9 月 4 日、関西国際空港が開港する。それに合わせて、新造船「ぽーらすたー」「びーなす」を投入する。両船ともマイティキャット 40（「ぽーらすたー」は 4 番船、「びーなす」は 5 番船）であるが、船体も「サンシャイン」型と比べると一段低くなって、一目見て異なる船容となっている。リーフレットには、「ビッグになってダイナミックリフレッシュ　大型高速船のワイドな直行便　大阪－徳島」と書かれている。

びーなす　共正海運提供

ぽーらすたーの写る時刻料金表

300人乗り　大型高速船
ウォータージェット推進
びーなす・ぽーらすたー
＆サンシャイン

■運賃（急行料金含む）　　　　　　　　（平成 6 年 9 月 4 日より）

| 区間 | 徳島～大阪 | | 徳島～関空 | | 関空～大阪 | |
|---|---|---|---|---|---|---|
| | エコノミー | グリーン | エコノミー | グリーン | エコノミー | グリーン |
| 大人 | 4,530 円 | 5,560 円 | 4,000 円 | 4,930 円 | 1,650 円 | 2,080 円 |
| 小児 | 2,270 円 | 2,780 円 | 2,010 円 | 2,470 円 | 830 円 | 1,040 円 |

ぽーらすたー要目

徳島高速船　共正汽船　神戸船舶　船舶整備公団共有

進水 1993 年 2 月 8 日　竣工同年 3 月 12 日

総トン数 296 トン　最高速力 41.43 ノット　他は下と同じ


びーなす要目

徳島高速船　共正汽船　神戸船舶　船舶整備公団共有

進水 1993 年 6 月 3 日　竣工同年 7 月 10 日

全長 43.20 m　幅 10.8 m　深さ 3.5 m　総トン数 295 トン

主機関　D 3,600 馬力 × 2　最高速力 40.53 ノット　航海速力 36.80 ノット

　旅客 300 名　乗組員 4 名

　時刻表（平成 6 年 9 月 4 日より）

| 便 | 上り | | | 下り | | |
|---|---|---|---|---|---|---|
| | 徳島発 | 関空着 | 大阪着 | 大阪発 | 関空発 | 徳島着 |
| 1 | 06：10 | 07：32 | 08：13 | 08：26 | 09：06 | 10：28 |
| 2 | 07：30 | — | 09：15 | 09：30 | — | 11：15 |
| 3 | 08：41 | 10：03 | 10：43 | 10：56 | 11：37 | 12：59 |
| 4 | 10：41 | 12：03 | 12：43 | 12：55 | 13：36 | 14：58 |
| 5 | 12：30 | — | 14：15 | 14：30 | — | 16：15 |
| 6 | 13：41 | 15：03 | 15：43 | 15：56 | 16：37 | 17：59 |
| 7 | 15：15 | — | 17：00 | 17：15 | — | 19：02 |
| 8 | 16：40 | 18：03 | 18：44 | 18：57 | 19：39 | 21：02 |
| 9 | 18：12 | 19：35 | 20：16 | 20：26 | 21：08 | 22：31 |

　運賃表

| 徳島〜大阪 | | 徳島〜関空 | | 関空〜大阪 | |
|---|---|---|---|---|---|
| エコノミー | グリーン | エコノミー | グリーン | エコノミー | グリーン |
| 4,530 | 5,560 | 4,000 | 4,930 | 1,650 | 2,080 |

徳島〜大阪間 9 便で関空に寄らず直通するのが 3 便ある。その後、12 便（直通 4 便。関空寄港便 8 便）に増便される。

「ぽーらすたー」「びーなす」に「サンシャイン」、それにマイティキャット 40 型の新造船「ねぷちゅーん」が加わる。

ねぷちゅーん要目

徳島高速船　南海フェリー　船舶整
　備公団共有

起工 1994 年 12 月 21 日　進水 1995
　年 6 月 1 日　竣工 6 月 30 日

全長 43.21 m　幅 10.80 m　深さ 3.50 m
　総トン数 290 トン

主機関 D 3,600 馬力× 2　最高速力
　41.02 ノット　航海速力 36.8 ノット
　旅客定員 300 名

ねぷちゅーん　（「海の時刻表」より）

　大阪〜関空便として徳島高速の 8 便に共同汽船の 12 便が加わって共
同運航し、1 日 20 便となる。ちなみに共同汽船の船は総トン数 183 ト
ンと小さく、船名を「アクアジェットスーパー 1」〜「3」まで 3 隻
である。

　この航路も明石海峡大橋ができると徳島関空ラインに引き継がれて
いく。


## （2）神戸・大阪〜鳴門〜徳島航路

　1963 年（昭和 38 年）以来、阪急内海汽船（のちの阪急汽船）は、
神戸〜徳島、神戸〜湊（淡路島）〜鳴門や神戸〜鳴門〜三本松などに
水中翼船を就航させていた。

　阪急汽船は阪急電鉄の子会社で、その依頼で共正汽船グループ（徳
島高速船、神戸船舶を含む）が 1990 年（平成 2 年）4 月 1 日から経営
に乗り出す。明石海峡大橋が開通すればフェリーの需要はなくなるの
で経営の主体を高速船にシフトしていた。

　就航船は、「さんらいず」「ぶるーすたー」「マリンシャトル」（164
頁写真）である（「マリンシャトル」は徳島シャトルラインから移籍）。

ぶるーすたーの写る阪急汽船時代の時刻表
（社名違いが163頁）

　２つのリーフレットを比べると、左が初期で、右が徳島鳴門特急汽船に変わる年である。便数や航路にかなりの相違がみられる。次の時刻表３つは右のリーフレットのもの。

　時刻表

　　大阪〜鳴門

|  | 鳴門発 | 大阪着 | 大阪発 | 鳴門着 |
|---|---|---|---|---|
| 1 | 07：30 | 09：20 | 09：30 | 11：20 |
| 2 | 11：30 | 13：20 | 13：30 | 15：20 |
| 3 | 12：45 | 14：35 | 14：45 | 16：35 |
| 4 | 16：45 | 18：35 | 18：45 | 20：35 |

徳島～神戸

|   | 徳島発 | 神戸着 | 神戸発 | 徳島着 |
|---|---|---|---|---|
| 1 | 07：00 | 08：50 | 09：00 | 10：50 |
| 2 | 08：30 | 13：20 | 14：10 | 16：00 |
| 3 | 12：10 | 14：35 | 17：40 | 19：30 |
| 4 | 17：20 | 19：10 | 19：20 | 21：10 |

神戸～鳴門

|   | 神戸発 | 鳴門着 | 鳴門発 | 神戸着 |
|---|---|---|---|---|
| 1 | 10：30 | 12：10 | 15：50 | 17：30 |

運賃表

|  | 大阪～鳴門 | 徳島～神戸 | 神戸～鳴門 |
|---|---|---|---|
| エコノミー | 4,000円 | 4,530円 | 4,000円 |
| グリーン | 4,990 | 5,560 | 4,990 |

　1993年（平成5年）11月、阪急汽船から徳島鳴門特急汽船と社名を変える。しかし、社名が変更されただけで、時刻表、航路、運賃も前頁のものと全く同じであった。

　翌1994年（平成6年）12月1日、徳島鳴門特急汽船は経営合理化のために徳島高速船に吸収合併される。徳島鳴門特急汽船の名前は1

ぶるーすたーの写る徳島鳴門特急汽船時代
の時刻表

会社作成リーフレット

年間使用されたにすぎなかった。その後、大阪～鳴門航路は3便に、神戸～鳴門・徳島航路も3便（うち1便が鳴門寄港）に、それぞれ減便される。使用される船は「さんらいず」「ぶるーすたー」は変わらなかったが、「マリンシャトル」は予備船にまわされている。

　明石海峡大橋が開通すると、徳島関空ラインに引き継がれる。

## （3）徳島シャトルライン

　徳島シャトルラインは、徳島高速船と同じ住所、徳島市南沖洲町にあった。徳島高速船が南海フェリーと共同運航で南海徳島シャトルラインと称し、徳島～和歌山を1日8往復で結ぶ。

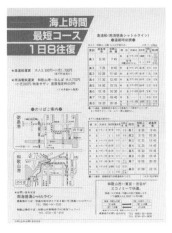

　1985年（昭和60年）11月1日、まずは南海フェリーの「マリンホーク」ではじめ、翌1986年（昭和61年）3月1日より徳島シャトルラインの「マリンシャトル」が加わり、それまで4便であったが8便に増える。

　「マリンホーク」は三井造船で造っていたCP-20型を大型化した経済的にも優れた改良型で、軽合金製高速旅客船三井スーパーマランCP30と称した。「マリンシャトル」は、その「マリンホーク」をさらに改良したCP-30 MKⅡである。「マリンホーク」と「マリンシャトル」の

前頁写真を比較しても船容が異なっている。「マリンホーク」はこの航路に就くまでは、1983年（昭和58年）7月18日開業し1日4便の小松島～和歌山航路に就航していたが、国鉄小松島線廃止に伴い徳島に移ったものである。

マリンシャトル　竣工絵はがき

絵はがきの表紙

マリンシャトル要目

起工 1985年7月29日　進水 12月9日　竣工 1986年2月10日　三井造船千葉事業所建造

全長 41.00m　幅 10.80m　深さ 3.40m　総トン数 268トン

ディーゼル2基　2,750馬力×2　最大速力 34ノット　航海速力 32ノット

旅客定員 280名　乗組員4名（5名）

各便は南海電車の特急サザン号（一部急行）に接続していた。蛇足であるが、同時代 1985年6月竣工の名前が似通った「マリーンシャトル」（764総トン）は、株式会社ポートサービスの横浜港内遊覧船である。

1991年（平成3年）に徳島シャトルラインの三井スーパーマラン CP30「ソレイユ」（297総トン）、翌年12月には南海フェリーの「あるご」（294総トン）がそれぞれ就

時刻表

| 便 | 上り | | 下り | |
| --- | --- | --- | --- | --- |
| | 徳島発 | 和歌山着 | 和歌山発 | 徳島着 |
| 1 | 06：30 | 07：45 | 08：30 | 09：45 |
| 2 | 07：25 | 08：40 | 09：15 | 10：30 |
| 3 | 10：25 | 11：40 | 12：25 | 13：40 |
| 4 | 11：30 | 12：45 | 13：25 | 14：40 |
| 5 | 14：00 | 15：15 | 15：30 | 16：45 |
| 6 | 15：15 | 16：30 | 17：30 | 18：45 |
| 7 | 17：25 | 18：40 | 19：05 | 20：20 |
| 8 | 19：05 | 20：20 | 21：00 | 22：15 |

航し、所要時間も 15 分短縮され 1 時間となる。それにともなって 9 便と増便された。

ソレイユ要目

徳島高速船　共正汽船　神戸船舶共有

起工 1991 年 4 月 26 日　進水 8 月 1 日

　竣工 9 月 11 日　三井造船玉野事業所
　建造

全長 43.2m　幅 10.8 m　深さ 3.5 m

総トン数 297 トン

機関　3,600 馬力×2 基　最大速力 41.0

ソレイユ　三上俊彦氏提供

　ノット　航海速力 36.5 ノット　旅客 300 名　乗組員 4 名

沖洲マリンセンターができると、そちらに乗りばを移転する。「ソレイユ」「あるご」の 2 隻は変わらず明石海峡大橋が開通するまで運航を続けていく。


# 終焉とその後

1998 年（平成 10 年）4 月 5 日、明石海峡大橋が開通し、神戸淡路鳴門自動車道の全通により、徳島阪神フェリーは終了する。新聞によると、運航中止のお知らせには次のように書かれていた。

　本航路は阪神地区と徳島県との人的、物的交流を進めるため昭和 46 年 4 月に開設以来、旅客輸送に、自動車航送に公共輸送事業者として... 明石海峡大橋の開通により、阪神地区と徳島県は陸続きとなり本航路の使命も終了

また、「フェリーの塗装は見事にはげ落ち、至る所にさびが浮き出ているのである。…フェリーの周辺が今どんな状況下に置かれているかを雄弁に物語っているのである」と取材記者は記している。

　一つの時代が終わったことを感じる記事である。

　同様に共同汽船と共同運航し、20 便を運航していた大阪～関西国際

空港航路や阪神〜鳴門〜徳島航路など、徳島高速船もまた全航路の運航を停止し終了する。ただ、徳島〜関西空港〜大阪航路は新たにつくられた徳島関空ライン株式会社に継承される。使用船は「サンシャイン」「ソレイユ」（南海徳島シャトルラインに就航していた）それに「ぽーらすたー」の3隻で8便に減便されている。しかしそれも2年足らずの継続で、2000年（平成12年）2月29日をもって終了する。共正海運の高速部門は、日本ホーバーライン、徳島高速船、徳島関空ラインと社名が変わりながら徳島と関西を結ぶ海の便であり続けた。ピーク時には年間75万人の利用客があったという。

### 徳島 ⬌ 関空 ⬌ 大阪航路時刻表

平成10年4月6日改正

| | 徳島発 | 関空着 | 関空発 | 大阪着 | 大阪発 | 関空着 | 関空発 | 徳島着 |
|---|---|---|---|---|---|---|---|---|
| 1 | 06:09 | 07:30 | 07:34 | 08:12 | 08:22 | | | 10:07 |
| 2 | 07:23 | 08:44 | 08:48 | 09:26 | 09:48 | 10:26 | 10:29 | 11:50 |
| 3 | 08:39 | 10:00 | 10:04 | 10:42 | 11:10 | | | 12:55 |
| 4 | 10:39 | 12:00 | 12:04 | 12:53 | 13:34 | 13:34 | 14:55 | |
| 5 | 13:25 | 14:46 | 14:49 | 15:27 | 16:15 | 16:15 | 17:19 | 17:40 |
| 6 | 14:50 | | | 16:35 | 17:10 | 17:48 | 17:52 | 19:14 |
| 7 | 16:40 | 18:01 | 18:04 | 18:43 | 19:00 | 19:39 | 19:42 | 21:04 |
| 8 | 18:10 | | | 19:57 | 20:40 | 21:19 | 21:22 | 22:44 |

■運賃（急行料金含む）

| 区間 | 徳島⬌大阪 | | 徳島⬌関空 | | 関空⬌大阪 | |
|---|---|---|---|---|---|---|
| | エコノミー | グリーン | エコノミー | グリーン | エコノミー | グリーン |
| 大人 | 4,620円 | 5,660円 | 4,240円 | 5,180円 | 1,840円 | 2,280円 |
| 小児 | 2,320円 | 2,840円 | 2,130円 | 2,600円 | 930円 | 1,150円 |

（関空便は関空連絡バス乗車券代含む）

■のりば
徳島港のりば Tel.0886-64-2612
大阪港のりば Tel.06-575-2101
お申し込みは、もよりの各交通社にどうぞ

徳島関空ライン（株）

徳島関空ラインの時刻表、料金表　　平成10年4月6日改正とある

徳島高速船が参加したもう一つの南海徳島シャトルライン（徳島〜和歌山）は、徳島高速船が抜けて南海フェリー単独で「あるご」1隻を使って1日5便で継続したが、2002年（平成14年）1月31日をもって終了し、沖洲マリンセンターからの高速船は消滅する。

四国の旅客交通は陸続きになった結果、高速バスにとって代わられる。現在では徳島〜阪神間で1日60便を超える便数がある。

最後に、現在徳島市の各所に見える共正海運の文字を紹介して終わりたいと思う。

役目を終えた高速船群が三井造船玉野造船所に係船されていた　手前の右端ぷるーすたー

徳島市東末広町

徳島市マリンピア沖洲　青い「共」の文字

左の写真で小さく見える看板のアップ

# 共正海運（汽船）、徳島高速船の所有船の前身、
## そしてその後　　　　　　　　判明したものに限る

《つかさ丸》

1943年　中国運航（神戸）設立に伴い移籍

1944年2月28日　日本近海汽船（神戸）の設立に伴い移籍

1945年7月4日　徳島港内で空爆を受けて沈没

1946年2月25日　徳島ドック（徳島）によって浮揚成功　その後、
　　糸崎造船鉄工（三原）に売却

同年10月　九州商船（長崎）に売却（1947年9月購入移転登記と
　　いう資料もある）

1957年10月　船体改造工事。本格的な客船になる（写真右）

長崎～上五島航路に就航、のち串木野～甑島航路に就航

1965年4月27日　豊予商船（八幡浜）に売却

昭和50年版日本船名録より削除

左：改造前のつかさ丸　右：改造後のつかさ丸　（「九州商船80年のあゆみ」より）

《ときわ丸》

　1946年　昭和21年～23年？　　日本船舶明細書によると、日本近海汽船（神戸）所有　のち大久保訓次郎、共正海運所有となっている。

　1953年　宝海運（神戸）に売却され、鳴門～阪神間に就航する。

　この宝海運は、鳴門～神戸・大阪と徳島～和歌山の二つの航路を持っていた。本社は神戸市兵庫区島上町で、神戸と大阪の取り扱いは共正海運となっている。宝海運は、共正海運の関連会社ではないかと思われる。

　1963年2月26日夜中1時7分ごろ、神戸港外和田岬の南3kmで大同海運（のちのジャパンライン）ニューヨーク航路「りっちもんど丸」（12,729重量トン 1962年建造）と衝突、沈没する。

　この事故で乗船客ら47人が死亡する。いわゆる「ときわ丸事件」である。

宝海運時代のときわ丸
ファンネルマークは宝（「船と港」No 8より）

ジャパンライン時代のりっちもんど丸

《甲山丸》

1934 年 3 月起工、5 月進水、6 月神戸桟橋の貨物船として竣工
（戦争中は第 34 掃海隊に入り豊後水道の掃海に従事）

1943 年　中国運航（神戸）の設立に伴い移籍

1944 年 2 月 28 日　日本近海汽船（神戸）の設立に伴い移籍

1950 年 7 月 28 日　社名変更に伴い日本汽船（神戸）に移籍

1952 年　共正海運（神戸）に売却　貨客船として仕様

1954 年　船体延長工事　319 総トン　40.38 m　7.01 m　3.50 m

1961 年　2 代目「甲山丸」竣工にともない「春開丸」と改名　貨物
船として使用

1963 年ごろ　藤田海事工業（大阪）に売却　貨物船か客船使用か判
断できない

1968 年ごろ　広島県川尻町に係船、のちに解体される


《乙女丸》

大陸棚の海底調査を目的に造られ
た潜水調査船「しんかい」（潜航深度
約 600 m）が 1969 年（昭和 44 年）3
月 20 日に完成し、運用を開始。1976
年（昭和 51 年）12 月 14 日終了まで
307 回の潜航を実施。その母船として、
海上保安庁に船員とともに用船される。

前にタンクを敷設　厳原於
熊中康人氏撮影　西口公章氏提供

1971 年　昭和 46 年日本船舶明細書まで共正海運所有が確認

1972 年　昭和 47 年日本船名録は旭商運（大阪）所有

1975 年　昭和 50 年日本船名録まで旭商運所有確認

1979 年　昭和 54 年日本船名録には掲載なし

ちなみに「しんかい」の要目は、総トン数 86 トン、常備排水量 91 トン、

全長 16.5 m　最大幅 6.6 m　深さ 5.0 m　速力水中 2.2 ノット、水上 2.4
ノット　水中 10 時間持続　最大塔載人員 4 名である。現在、船体は呉
の大和ミュージアム前に展示されている。

展示されているしんかい

本船前にいるしんかい　（「世界の艦船」より）

《甲山丸》
1971 年　京神運輸（大阪）に売却され自家用船として使用される
1974 年　日本船舶明細書には掲載なし

《春景丸》　タンカー
［要目］　新三菱重工神戸造船所建造
起工 1954 年 2 月 3 日　進水 6 月 19 日　竣工 7 月 31 日
総トン数 698.17 トン　載貨重量 1,071 トン　全長 57.60 m　幅 9.20 m
深さ 4.60 m
主機関　D 830 馬力　最大速力 12.55 ノット
1768 年　昭和 43 年日本鋼船船名表　個人船主　その後掲載なし

左：春景丸　右：春晴丸　（いずれも「船の科学」より）

《春晴丸》 貨物船

［要目］ 塩山船渠大阪工場

起工 1957 年 11 月 29 日　進水 1958 年 3 月 7 日　竣工同年 4 月 24 日

総トン数 1991.55 トン　載貨重量 2856.03 トン　全長 82.72 m　幅 12.20 m
　　深さ 6.00 m

主機関　D 1,400 馬力　最大速力 13.706 ノット

1965 年　ジャパン近海（東京）「栄明丸」と改名

1968 年　日本船名録記載あり　その後確認できず

　ここまでの調査は、ほとんどが西口公章氏によるものである。それ
に基づいて筆者が判断した。


《いずみ丸》

2000 年　フィリピンに売船


《とくしま丸》

1993 年 5 月　運休

1994 年　中国に売船


《おとめ丸》

1999 年　ベリーズに売船

「TITIAN NUSANTARA」と改名
され、国営の ASDP 社の運航でム
ラ（西ジャワ）〜バカウヘニ（スマ
トラ島）に就航

TITIAN　NUSANTARA　藤木洋一氏撮影


《さんしゃいん》

「さんらいず」就航により台湾の嘉榮海運に売却され、嘉義〜膨湖航

路の高速船となる。

「阿里山」と改名。塗装は「さんしゃいん」とほぼ変わっていない。


《ぶるーすかい》

1987年（昭和62年）7月　久米
島フェリー（後の久米商船）に売却。
「フェリー久米島」（999総トン
1974年11月就航）に代わり、那覇
（泊）〜久米島（兼城）間に就航。フェ
リー1隻、高速船1隻体制になる。

2004年（平成16年）11月　「ぶるー
すかい」廃止。

久米島フェリー時代のぶるーすかい
徳島高速はイルカ1匹、久米島フェリーでは2匹
久米商船提供

ニューバレーフェリーインコーポレーションに売却される。


《ねぷちゅーん》

2000年　改造されて五島産業汽船に売約され、「びっぐあーす」と
なる。

2001年3月　それまで関西汽船と加藤汽船で大阪・神戸〜小豆島・
高松をジェットラインと称して運航していたが、2000年（平成12年）
10月12日をもって廃止。それを引き継ぐ形で「びっぐあーす」1隻で
次のようなダイヤ、運賃で始める。

| 便 | | 高松 | 土庄東 | | 坂手 | | 神戸 | | 大阪 |
|---|---|---|---|---|---|---|---|---|---|
| 1 | 上り | 07：30発→ | 07：51 | 07：54 | 08：15 | 08：18 | 09：41 | 09：44 | →10：22着 |
| | 下り | 13：22着← | 13：01 | 12：58 | 12：37 | 12：34 | 11：11 | 11：08 | ←10：30発 |
| 2 | 上り | 16：00発→ | 16：21 | 16：24 | 16：45 | 16：48 | 18：11 | 18：14 | →18：52着 |
| | 下り | 22：14着← | 21：50 | 21：47 | 21：24 | 21：21 | 19：45 | 19：42 | ←19：00発 |

夏期3月1日から9月30日　冬期ダイヤは若干変わるがそのダイヤは実施されず

この年7月からは「びっぐあーす2号」（元びーなす）が加わり1日

5便となり、うち上り2便、下り4便はユニバーサルシティポート寄港となる。それにともなって神戸寄港は2便、小豆島寄港も減便となる。翌年2002年からは5便が4便になる。その年の9月1日改定で平日は1日2便となり、土日祝日冬期ダイヤだけ4便となる。この便ではユニバーサルシティポート寄港している。

左：びっぐあーす　右：びっぐあーす2号の写るリーフレット　いずれも会社作成

　しかし翌2003年からは「びっぐあーす」だけの運航となり、「びっぐあーす2号」は五島産業汽船の主である航路、長崎〜上五島（鯛ノ浦）に転配されている。1日2便で、どの便もユニバーサル寄港している。2005年8月1日改定の時刻表から高松が除かれて、土庄東〜大阪天保山の航路になり次のようなダイヤとなる。

| 便 | | 土庄東 | 坂手 | | 神戸 | | 大阪 |
|---|---|---|---|---|---|---|---|
| 1 | 上り | 07：00発→ | 07：22 | 07：25 | 08：57 | 09：00 | →09：40着 |
| | 下り | 13：20着← | 12：58 | 12：55 | 11：23 | 11：20 | ←10：40発 |
| 2 | 上り | 15：26発→ | 15：48 | 15：56 | 17：23 | 17：26 | →18：06着 |
| | 下り | 21：08着← | 20：45 | 20：42 | 19：05 | 19：02 | ←18：20発 |

また、社名が株式会社から有限会社五島産業汽船となる。その後だと思うが、有限会社びっぐあーすラインとなり、翌年の 2006 年に休止となる。このあと神戸～坂手間にセラヴィ観光汽船が参入するが、長くは続かなかった。

　阪神航路が休止となって「びっぐあーす」は 2005 年（平成 17 年）10 月、長崎～上五島（鯛ノ浦）に転配されている。「えれかんと 2 号」（131 総トン）、「ありかわ 8 号」（56 トン）とともに就航していた。2008 年（平成 20 年）2 月末、運航休止となる。2010 年（平成 22 年）2 月 19 日、長崎～鯛ノ浦に再就航する。2017 年（平成 29 年）7 月 7 日、実験的に長崎～崎津（天草市）航路が開設され就航する。当時世界文化遺産登録を目指し、国の船旅活性化モデル地区事業を活用したもので、金土日の 1 往復であった。翌年 3 月まで続く。2018 年（平成 30 年）10 月 2 日、五島産業汽船は経営上の理由で突然窓口を閉鎖。佐世保、長崎と五島列島を結ぶ全航路は運休する。新上五島町は、一週間後の 10 月 10 日に同名の新会社を設立して対応する。同年 11 月 16 日、長崎～鯛ノ浦航路に再々就航する。次のリーフレットがその時のものである。

復活の文字が躍る
（会社作成リーフレットより）

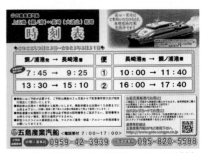

2022年9月23日〜2023年3月31日までの時刻表
西口公章氏提供

《びーなす》

2001 年（平成 13 年）改造されて五島産業汽船に売却され、「びっぐあーす 2 号」となる。

2002 年（平成 14 年）上記のように大阪・神戸〜小豆島・高松で運航される。

2003 年（平成 15 年）2 月　大阪・神戸〜小豆島・高松航路から撤退。同年、長崎〜上五島（鯛ノ浦）航路に転配される。「えれかんと 2 号」「ありかわ 8 号」とともに運航。その後、係船される。

2014 年（平成 26 年）3 月 17 日　再び長崎〜鯛ノ浦に航路に就航。指定管理者、五島産業汽船。

2018 年（平成 30 年）10 月 2 日　経営破綻により運航停止。

　　　　　　12 月 28 日　佐世保〜有川航路に就航。指定管理者、九州商船

2019 年（平成 31 年）2 月　佐世保〜有川〜小値賀〜宇久平、航路延長

《ソレイユ》　前書 4 の 122 頁参照


# 縁のあった船の要目とその後

### 《あわ丸》

就航当時は阿波国共同汽船所有、のちに共同汽船と改名

　要目　いずみ丸と同じ

　船歴　1987 年、日本船舶明細書より削除

会社提供

### 《あきつ丸》　共同汽船

　要目

福岡造船建造　共同汽船　船舶整備公団所有

起工 1974 年 1 月 17 日　進水 6 月 19 日竣工 9 月 21 日
全長 122.00 m　幅 19.60 m　深さ 6.50 m総トン数 3,830.70 トン
6,000 馬力　最大速力 22.282 ノット　航海速力 21 ノット
旅客 850 名　乗組員 40 名

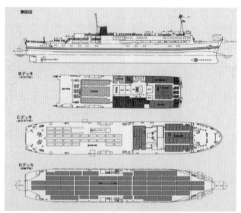

エントランスホール

特等客室

レストラン・ラウンジ

1等和室

特2等椅子席

2等客室

船歴

　1974 年 9 月　小松島フェリー　小
松島〜大阪航路に就航

　1983 年　徳島阪神フェリー　徳島
〜阪神航路に転配

係船中のあきつ丸　隣はおとめ丸

1998 年　航路廃止後小豆島内海湾に係船　後フィリピンに売船

2008 年　バングラデシュにて解体

## 《うらら丸》　共同汽船

要目

福岡造船建造　共同汽船所有

起工 1971 年 3 月 20 日　進水 5 月 14 日
　　竣工 7 月 20 日

全長 101.550 m　幅 19.20 m　深さ 6.15 m
　　総トン数 2924.33 トン

うらら丸　（会社作成リーフレットより）

2,000 馬力× 4　最大速力 20.35 ノット航海速力 18.75 ノット

トラック（8 トン）50 台　乗用車 30 台　旅客定員　1 等 70 名　2 等 580 名
　　計 650 名　乗組員 40 名

船価 8 億 9,168 万円　　※共正汽船「おとめ丸」と同型船

レストラン

1 等椅子席

1 等和室

2 等椅子席

船歴

1971 年 9 月　徳島〜阪神航路に就航

1983 年 12 月　係船

1985 年 4 月 21 日〜 8 月 31 日　淡路アイランドフェリー　神戸中突
堤〜淡路島津名港生穂

　　淡路愛ランド博開催期間中、1 日 3 便就航する。

| 神戸発 | 津名着 | 便 | 津名発 | 神戸着 |
|---|---|---|---|---|
| 09：00 | 10：29 | 1 | 11：25 | 12：54 |
| 13：40 | 15：09 | 2 | 16：05 | 17：34 |
| 18：05 | 19：34 | 3 | 20：05 | 21：34 |

　　1 等 1480 円　2 等 740 円　4 m 未満乗用車 3,700 円

1985年9月　クルージング船として活用、その後再び徳島～阪神航路に就航

再び小豆島に係船

1994年　パナマに売船　その後中国

2002年　インドネシアで「MITRA NUSANTARA」と改名。国営のASDP社の運航で、ムラ（西ジャワ）～バカウヘニ（スマトラ島）に就航

係船中のうらら丸
淡路アイランドフェリー就航のため再度ランプウエイが取り付けられている。

MITRA NUSANTARA　藤木洋一氏撮影

《おとわ丸》　関西汽船

要目

四国ドック建造　関西汽船所有

起工 1971年6月29日　進水8月31日　竣工10月19日

全長 104.20 m　幅 19.20 m　深さ 6.30 m　総トン数 2944.05 トン

2,000馬力×4　最大速力 20.53 ノット　航海速力 18.5 ノット

トラック（8トン）50台　乗用車 30台　旅客定員　1等 70名　2等 580名

別府港係船中のおとわ丸　1998.5.8撮影

KUMALA　藤木洋一氏撮影

計 650 名　乗組員 39 名

船歴

1971 年 10 月 21 日　徳島〜阪神航路就航

1998 年 4 月 5 日　航路廃止。その後係船

1999 年　PT.DHARMA LAUTAN UTAMA に売船され「KUMALA」
　　と改名、スラバヤ（東ジャワ）〜バンジャルマシン（カリマンタン島）
　　に就航


《ぶるーほうく》　昭和海運　　（正式には「ほぅく」かもしれない）

ぶるーほうく時刻表
「写真は日本で初めてのホーバーマラン」と書かれている

要目

昭和海運　瀬戸内海汽船　三原〜今治航路

竣工 1967 年 6 月 17 日

全長 26.471 m　幅 8.80 m　深さ 2.488 m　総トン数 191.65 トン

主機関　1,225 × 2　最高速力 29.2 ノット　航海速力 25 ノット

旅客定員 162 名

船歴

1986 年「ぶるーほうく 2」の就航にともない引退し中国に売却。「イ
　　ン・ビン 3」（Ying Bin 3）と改名

《マリンホーク》 南海フェリー

要目

南海フェリー　船舶整備公団共有

起工 1982 年 10 月 22 日　進水 1983 年
　5 月 20 日　竣工 7 月 15 日

全長 40.9 m　幅 10.80 m　深さ 3.37 m
　総トン数 283 トン

主機関　2,540 × 2　最高速力 31.15 ノット　航海速力 28.5 ノット旅客定員
　280 名

マリンホーク（会社作成リーフレットより）

《あるご》 南海フェリー

要目

全長 43.01 m　幅 10.80 m　深さ 3.50 m
　総トン数 294 トン

主機関　3,600 × 2　旅客定員 300 名
　（エコノミー 272 名　グリーン席 28 隻）

あるご（会社作成パンフレットより）

参考文献
船からみた「第二次世界大戦後から半世紀の神戸港」花谷欣二郎、村井正編集　2013 年 12 月
船舶史稿　海運会社船歴編　第三十巻　船舶部会「横浜」船舶史稿編纂チーム　平成 29 年3月
船舶煙突マーク集　海上警備研究会編　成山堂書店　昭和 41 年
阿波の交通（下）明治維新から現代まで　徳島市立図書館　平成 3 年 3 月
船のしくみ　池田良穂著　ナツメ社　2006 年 5 月
さよなら宇高連絡船　78 年の航跡　交通新聞社　昭和 63 年3月
日本造船技術 100 年史　1997 年5月
三井造船 75 年史　平成 5 年 3 月
名鉄海上観光船 70 年のあゆみ　1996 年 11 月
日本商船隊戦時遭難史　海上労働協会　昭和 37 年7月
四国旅客舩の変遷　財団法人琴平海洋会館　佐伯義良著　昭和 51 年
九州商船 80 年のあゆみ　平成 3 年 12 月
日本のカーフェリー　海人社　平成 21 年
全国フェリー旅客船ガイド各号　全国海事通信社
日本船舶明細書各号　海運集会所
雑誌　船の科学各号　船舶技術協会
雑誌　世界の艦船各号　海人社
雑誌　旅客船　各号　日本旅客船協会

# 小さなクルーズ船たち

# インランドシーの想い
## －広別航路から瀬戸内海クルーズへ－

　「前書4」112頁で紹介した広別汽船「阿蘇」は1989年（平成元年）瀬戸内海汽船に売却され、神田造船にてクルーズ船に改装される。広別汽船は宇和島運輸と瀬戸内海汽船でつくった会社であった。「阿蘇」は親元に帰り「インランドシー」と名前を変えて再出発となる。瀬戸内海汽船のクルーズ船としては、高速船などを除くと、「シーパレス」（「前書3」128頁）、「しろがね」（「前書3」102頁）、「南十字星」「銀河」に続く五番目である。真っ白な船体の「阿蘇」はマック式ファンネルが撤去され、中央部に大きいダミーの赤い煙突が付けられた。

　船名　THE INLAND(インランド) SEA(シー)

　総トン数約 2,500 トン（日本船舶明細書には 1907.73 トン）

（両方とも会社作成パンフレットより）

全長約 68 m　幅約 12 m
主機関　1,600 × 2 基　速力 15 ノット
旅客定員最大 550 人
　宿泊定員

| キャビン名 | 客室数 | 室内 | 定員 |
|---|---|---|---|
| A | 10 | 2ベッド | 20 |
|  | 2 | 和 | 8 |
| B | 12 | 4ベッド | 48 |
| C | 2 | 和 | 28 |
| D | 5 | 和 | 46 |
| 計 | 31 |  | 150 |

レストラン 80 席
バーラウンジ（ピアノバー）32 席
ラウンジ 20 席
アミューズメントホール 80 席
ショッピングコーナー
シャワールーム
美容室兼更衣室

就航前のパンフレットには次のように書かれている。

- ＜インランドシー＞の名の通り、瀬戸内海のクルーズのために誕生した新しい船です。
- ＜インランドシー＞はホテルの機能を待った宿泊型のクルーズシップです。
- 瀬戸内海の主要な港を結び、瀬戸内海の魅力をすべて体験できます。

天保山　1991.3.24　村井正氏撮影

- クルーズ・メッカ広島を代表するクルーズ船として、毎月1回1泊2日又は2泊3日のクルーズ企画をお届けいたします。（瀬戸内海汽船主催）

中略

- 船内レストランでは瀬戸内海の山海の美味をフランス料理や和食等でじっくりお楽しみいただけます。
- ピアノの生演奏（ピアノバー）やディスコタイム、映画上映（アミューズメントホール）、ゲーム（デッキ）など、楽しいアミューズメント企画で船上ホテルライフを演出します。
- シャワールーム、美容室をそなえて、おしゃれなクルーズが可能になりました。

※初期のデッキプランには B1 デッキに美容室兼更衣室と書かれている（後に消されている）

・内装から備品まで、すべての一流のホテル・レストランに劣らないグレードで統一しております。

（瀬戸内海汽船のパンフレットより）

　次に、作られた中で一番詳細で美しいと思われるパンフレットを見てみよう。表紙を入れて8頁（カバー付き）のものである。まえがきには次のように書かれている。

　　　　　　インランドシー
　　　瀬戸内海クルーズ
　　　豪華なエンターテイメント＆アミューズメント航海
　　　　　ようこそ、感動の船旅へ
　　　おだやかな瀬戸の海を舞台に、「インランドシー」クルーズは、
　　　　　心うきたつドラマでいっぱいです。
　　　　多彩なエンターテイメントの数々は、朝から夜まで
　　　あなたを主役にして魅了します。本格のフランス料理と
　　　クルーズスタッフの笑顔に、最高のおもてなしをこめて、
　　　　いつまでも心に残る感動をおとどけします。

表表紙　　　　　　　　　　裏表紙

次の頁はアコモデーションなどを紹介している。

青い海に、純白のエレガンス
ときめきのタラップをあがる
と、感動の船旅がはじまります。
おいしい景色
おいしい料理
おいしい音楽
おいしい時間の流れ。
ホテルを超えた感動のクルー
ズが、あなたをお迎えします。

1989年（平成元年）年7月7日11時、大阪港を出港し神戸港に寄
り、8日「'89海と島の博覧会ひろしま」のメイン会場でのオープニン
グショーに参加する演出でデビューを果たす。翌9日大阪に帰港する。
当時の瀬戸内海汽船広告特集には次のように書かれている。
海ホテル　気持ちのいい時間の過ごし方　7月7日出港　THE INLAND
SEA誕生
海と島のくつろぎと、このうえない贅沢な時間をおとどけするために生ま
れた瀬戸内海という名の宿泊型クルーズシップ＜インランドシー＞7月7日
いよいよ出港いたします
通常の営業開始は同年8月19日、神戸中突堤16時出港から始まる。
出港が後のクルーズより30分遅い。広島入港も14時30分と1時間早
くなっている。料金はスウィートルーム1人利用8万円、2人利用で
5万5,000円である。
1990年（平成2年）2月、フロント、ロビーラウンジ、カジノルー
ム新設。1990年の雑誌「Viaje」各号の「エーゲ海より、カリブ海より、
SETONAIKAI　夜明けの瀬戸内海を見たことがありますか」で始まる
広告から拾ってみると、'90クルーズスケジュールは次のような内容で
あった。

5月から11月までの毎月1日11時に広島発となり、毎月2日15時30分に神戸発となっている。以降も継続すると書いてある。基本的には1泊2日の設定になっている。当初は、2泊3日の往復クルーズを計画していたようであるが、途中で片道を基本にする。小さく2泊3日のタイプもございますと書かれている。復路の広島〜大阪（1991年3月から大阪に延航）は小豆島に寄港している。

　神戸発のクルーズ日程を紹介する。

　1日目　神戸港15時30分発―　クルーズインフォメーション―　カジノ・ビデオシアターでお楽しみください　―瀬戸大橋の夕景―　ディナータイム―　アミューズメントルームでクルーズスタッフショー・カジノでルーレット＆ブラックジャック・ピアノラウンジで生演奏をお楽しみください。

　2日目　モーニングエアロビクス―　ブレックファースト―　8時30分尾道着≪尾道上陸散策オプション≫11時30分発―　ランチタイム―　デッキゲーム―　チェックアウト―広島港16時30分着、下船、宮島オプショナルツアー

雑誌「Viaje」広告
モデルは八木小織さん（現八木さおりさん）

雑誌「CRUISE」1991.5・6月号掲載の広告
モデルは伊庭千恵子さん

料金は次のようになっている。当初設定されていた 10 ～ 14 人部屋の表示はない。

| ロイヤルスウィート | 2人使用お1人様 | 55,000円 |
|---|---|---|
| スウィート | 〃 | 49,000円 |
| Aクラス | 3～4使用お1人様 | 39,000円 |

　もう一つ JR 西日本とタッグを組んだツアーには、もっと詳細なクルーズスケジュールが載っている。上記のスケジュールとは重複することも一部異なる所もあるが、これも載せてみる。このツアーは神戸港出港で広島港下船、そのあと広島駅から JR で神戸・姫路、大阪京都に帰るコースである。

　1990 年の 3 月から 6 月までの各月 2 日出発である。4 回の募集があった。

　　クルーズコースのご案内

　　　　　　　（航海位置）　　　　　　　　　（スケジュール）
［1日目］
15：30　神戸港出航　　ウエルカムドリンク＆クルーズインフォメーション
　　　　　　　　　　　　・ブリッジウォーク、ビデオシアター・大デッキゲーム大会
17：30　明石海峡
18：30　家島諸島沖　　ディナータイム
19：30　小豆島沖
20：30　　　　　　　　クルーズショータイム
21：30　瀬戸大橋沖(停泊)　ゲームタイム　ミッドナイトディスコ
［2日目］
6：00　福山沖　　　　お目覚めのコーヒータイム　早朝フィットネス
7：00　因島大橋　　　ブレックファースト
8：30　尾道港　　　　オプション（上陸散策）
11：00　尾道港出航　　ミュージックギャラリー　ブリッジウォーク
12：15　瀬戸田沖　　　ランチタイム
13：00　大三島沖　　　ミュージックギャラリー　・大デッキゲーム大会
　　　　　　　　　　　ビデオシアター　クッキータイム
15：30　広島港入港　　オプション（宮島観光ツアー）
　　　　　　　　　　　ご希望の方は宮島港までご案内します

船内はどのようになっていたろう。デッキ別に見てみよう。上は前身の「阿蘇」のもの。

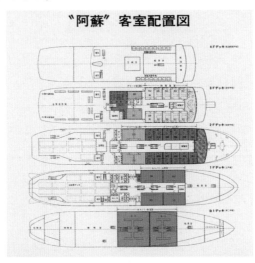

"阿蘇" 客室配置図

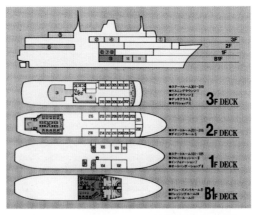

3F DECK
- ●ステートルーム301〜310
- ●リスニングラウンジ1
- ●ピアノラウンジ2
- ●デッキテラス1
- ●ギフジョップ5

2F DECK
- ●ステートルーム201〜216
- ●ダイニングルーム5

1F DECK
- ●ステートルーム101〜105
- ●フロントキャッシャー3
- ●インフォメーション7
- ●オートベンダーショップ4

B1F DECK
- ●アミューズメントルーム3
- ●ドレッシングルームA・B
- ●シャワールーム11

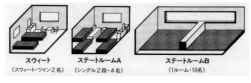

スウィート
（スウィート・ツイン2名）

ステートルームA
（シングル2段・4名）

ステートルームB
（1ルーム・10名）

| 阿蘇 | | | インランドシー |
|---|---|---|---|
| デッキ名 | 改造前 | | 改造後 |
| 3F（遊歩甲板） | 特等ロンジ・特等客室<br>グリーンB和室・食堂 | | リスニングラウンジ・ステートルーム301〜310<br>ギフトショップ・ピアノラウンジ<br>デッキテラス(新設) |
| 2F（船楼甲板） | グリーンラウンジ・<br>グリーンA（洋室）<br>グリーンB（和室） | | 201，202ロイヤルスウィート・203〜214ステートルーム<br>215、216ステートルーム・ダイニングルーム(新設) |
| 1F（上甲板） | エコノミーA客室 | | 101〜105ステートルーム、オートベンダーショップ<br>フロントキャッシャー、ロビー、フロント(新設) |
| B1（第二甲板） | エコノミーB客室 | | アミューズメントルーム、シャワールーム(新設) |

301〜308スウィート　309、310は和室　215、216は10名
後にデッキプランの1Fカジノが加わり、ステートルームが101と102となるなど若干の変更がある。

リスニングラウンジ　　　ピアノラウンジ　　　ダイニングルーム　　アミューズメントルーム

　高知との関連で言えば、ジョン万次郎漂流150周年を記念して本船を貸し切って1991年（平成3年）8月22日高知港出航、あしずり港経由、長崎港そしてあしずり港に帰る九州一周コースと、27日米マサチューセッツ州から来た子ども大使10人と県下の中学生119人を乗せ、

午後5時高知港出港、翌日8時大阪天保山に着き、大阪市立博物館や海遊館を見学、29日朝天保山を出港、四国を一周して高知に帰高するという計画。ところが荒天のため一部がカットされた。船内は万次郎や高知の観光のパネルなどが飾られていた。

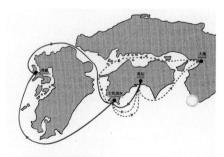

■ジョン万シップ航海ルート
●九州一周コース
●四国一周コース

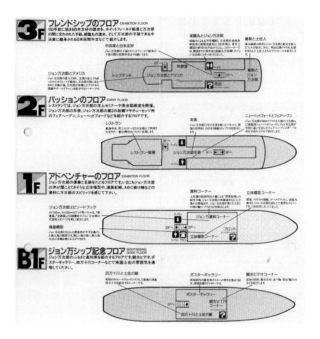

　雑誌「CRUISE」1991.9・10月号には井手清吾氏の広島〜大阪クルーズの乗船レポートが載っている。要約してみると次のようなクルーズであった。なお、写真も氏が撮影したもの。

　「参加者は大阪、広島の団体2組、女性グループ、若いカップル、フルムーンカップルで総勢60名である。広島港を出て早瀬の瀬戸を抜けるころ3階デッキテラスではゲーム大会が始まる。5時15分過ぎたあたりで来島海峡に入り早めのディナータイムが始まる。メニューはフランス料理フルコース。ディナーの後はアミューズメントルームでスタッフによる手作りのナイトショーやカジノを楽しむ。瀬戸大橋を見上げ右手にコンビナートの夜景を見ることができる。12時まで営業しているピアノラウンジやアミューズメントルームで過ごす。

翌朝ビュッフェ形式の朝食を済ませ、小豆島坂手港に上陸。1時間30分のオプショナルツアーで醬油博物館と二十四の瞳の分校や映画のロケで使われたセットを見学する。10時30分、神戸に向けて出港しデッキテラスでクルーズマネジャーの岡田さんとクルーズディレクターの岸田さんの繰り広げる"にわかサーカス"を楽しむ。デッキゲームを楽しむうちに播磨灘、明石海峡を抜け、神戸港で半分の乗客を降ろし16時過ぎ天保山客船ターミナルに着岸。

　併記されているクルーズガイドには、このクルーズは11月末で終了。来年からは新船を投入と書かれている。（残念ながら実現はしなかった）」

ナイトショー

カリビアンバンドでお出迎え

カジノ

航路図

　レンタルクルーズと称して貸し切り船も実施していた。その料金表は次頁のとおり。通常の貸切船よりは当然割高になっている。

| | | ON DAY | OFF DAY | 継続使用 |
|---|---|---|---|---|
| サンディクルーズ | 4時間未満 | 130 | 100 | ON DAY、OFF DAYともに 1日目の10% Less |
| | 8時間未満 | 180 | 150 | |
| | オーバー1時間 | 10 | 8 | |
| オーバーナイト1日 | | 200 | 160 | ON 160　OFF 130 |

単位は万円。ON DAY とは 4 月～11 月　OFF DAY とは 12 月～3 月
港湾料必要港 10 万円：拠点港（広島、呉、尾道、今治、松山）からの回航料 1 時間当たり
　　10 万円
入港可能港　大阪、神戸、姫路、宇野、柳井、徳山、防府、下関、徳島、高松、坂出、新居浜、
　　　　　　別府、大分、小豆島、与島、大三島、宮島
本船入港不可能な港は、専用ランチからの上陸、乗船

　当時の社内報には勇気ある投稿が載っている。彼女は研修で憧れの本船に乗っている。パンフレットからのイメージとはずいぶん違っていると述べている。以下投稿である。
　　「Aの船室に泊まったが、まるで野外活動センターの部屋みたいで窓や壁紙の汚れが目立ち、カジノやアミューズメントルームも規模は小さい。サービスのスケジュールはうまく組まれていたが、サービスする人の素人っぽさが目立った」

　会社を思ってのことの投稿で、編集された方の可否の判断も素晴らしいと思う。
　社内報には「インランドシー日誌」というコーナーもできていた。瀬戸内海汽船にとって本船は、フラッグシップのような存在だったのであろう。スタッフの皆さん方は、乗船客に満足してもらうように創意工夫をする。夏には船上流しそうめん、正月にはもちつき大会、じゃんけん大王など。カリビアン生バンド（6人編成）、合唱団、ダンシングチームなど、スタッフ総出演の音響から照明まですべて手づくりであったという。前頁の写真からスタッフの奮闘ぶりと喜びが伝わってくる。
　乗船客の声として次のようなものがあった。
　　「私も会社を経営しているが若い人がこんなにキラキラ輝いて仕事をしてい

る姿に久しぶりに出会った。人も自然もステキなクルーズね。あなた宣伝が
足りないわよ!!
　　──パンフレット50部持っていかれた女性」
　本船の弱点は、どの部屋もアウトシャワー、トイレであったことだ。
これは最上級のロイヤルスウィートも同様だった。デッキプランには、
シャワールームはB1デッキに明記しているが、「阿蘇」に表記されて
いたトイレについては書かれていなかった。
　1991年(平成3年)には、天保山ハーバービレッジを基点に月2回(4
月は3回)大阪ベイジョイクルーズ(大阪～神戸)を実施している。「サ
ウンズオブセト」(「前書2」70頁)も同様に大阪湾のクルーズを実施
したのを思い出す。
　同年11月10日をもって休止する。広島港第一桟橋に着岸した本船で、
会長が乗組員一人一人をねぎらったという。のちに、乗船客からは次
のような礼状が届いた。
　　「世界の高級ホテルに泊まったけれど、インランドシーが最高でした。瀬戸
　内海を何度も航海したが、インランドシーに瀬戸内海の神髄を見せていただ
　いた。生きていてよかった。
　　カリブ海のクルーズよりずっと素敵な笑顔、料理、サービスでした」
　1992年(平成4年)6月、イランのハーガルシップ社に売却。6月
10日午後3時、三菱重工広島造船所艤装岸壁から役員、社員、関係者
が見送る中、神戸に向けて出港する。別れの汽笛を鳴らしながら…。
新入社員が乗ったクルーザーヨット「レスポワール」も並走したという。
11日から16日まで神戸ドックで船底検査を行い、7月1日イランに向
けて出港する。給油のため台湾、香港などに寄港しながら約1か月後
に到着し、その後、カスピ海のクルーズ船として活躍する。
　クルーズのノウハウを蓄積するのが第一の目的だったので目的は達
したと、瀬戸内海汽船の「55年史」は述べている。「本四架橋による
収入減対策のひとつがクルーズでした。宿泊型は時期尚早でしたね。

途中で遊びながら旅するというのが受け入れられなくて」は、会長の
言葉。

インランドシーなど瀬戸内海汽船のクルーズシップのイラスト

　実は本船には後日談がある。とうに忘れかけていた船だが、ネット
に情報が掲載される。2020年8月、本船の後身「ミルザ・コチェク・
カーン」（MIRZA KOCHEK KHAN）がカスピ海を出て、中国福州市馬
尾（Mawei）造船南へ着岸したという。おそらく解体のための航海だっ
たろうがまだ健在だった。「阿蘇」として建造されたのが1970年だから、
実に50年あまり生きていたのだ。人で言えばとうに100歳は超えてい
るだろう。

# アリババI世物語
## －上五島定期客船からの転身－

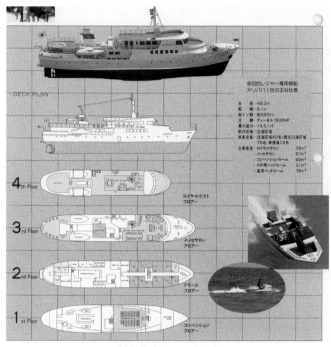

DECK PLAN

多目的レジャー専用客船
アリババⅠ世の主な仕様

全　　長・48.2m
船　　幅・8.1m
総トン数・約390トン
主　　機・ディーゼル1500HP
最大速力・13.5ノット
航行区域・近海区域
旅客定員・近海区域40名・限定沿海区域
　　　　　70名・乗船員12名
主要客室・ロイヤルサロン　　35㎡
　　　　　・メッセサロン　　　67㎡
　　　　　・コンベンションルーム 60㎡
　　　　　・VIP用ベッドルーム 21㎡
　　　　　・客用ベッドルーム　76㎡

4th Floor　　　　　　　　　　ロイヤルゲスト
　　　　　　　　　　　　　　フロアー

3rd Floor　　　　　　　　　　メッセサロン
　　　　　　　　　　　　　　フロアー

2nd Floor　　　　　　　　　　ドリーム
　　　　　　　　　　　　　　フロアー

1st Floor　　　　　　　　　　コンベンション
　　　　　　　　　　　　　　フロアー

（会社作成パンフレットより）

　今では中国の通販サイトでよく聞く名前だが、当時は物語の名前、それも内容はともあれ盗賊というあまり船名に相応しくない印象を持った。一部の船キチには知られた存在であったが、一般的に有名な客船ではなかった。本船を調べる動機は、パンフレットをまとめている時、りっぱなパンフレットが出てきたのがきっかけである。元の名前は「鯨波丸」という九州商船の客船だった。

## 鯨波丸時代

　ゲイハという響きの言葉も本船以外で聞いたことがない。辞書によると鯨波とは、大きい波とか鬨の声とかいう意味があるらしい。「日本客船総覧」（森田裕一氏著）には、「船名は、古くから沿岸捕鯨の盛んだった上五島地区の歴史に因む」と書かれている。

鯨波丸　（「九州商船船舶写真集」より）

　「鯨波丸」は九州商船最後の"在来型貨客船"である。九州商船はこの時代、「楓丸」（606.34 総トン）、「有保丸」（385.40 総トン）、「柏丸」（549.43 総トン）という 500 トン級（勝手にそう呼んでいる）4 隻の貨客船を所有していた。フェリーが登場するまで、この 4 隻は九州商船のエース級であった。

　本船は、1967 年（昭和 42 年）10 月 24 日起工、翌 1968 年（昭和 43 年）2 月 27 日進水、4 月 27 日因島の田熊造船（現内海造船）竣工。船舶整備公団との共有船である。

　　総トン数 427.56 トン　重量トン 101.39 トン
　　　全長 48.02 m　幅 8.1 m　深さ 3.35 m
　　主機関　ディーゼル 1 基 1 軸 1,500 馬力
　　　最高速力 15.234 ノット　航海速力
　　　14.0 ノット
　　船客定員　1 等 50 名　特 2 等 115 名
　　　2 等 185 名　計 350 名　乗組員数 13 名

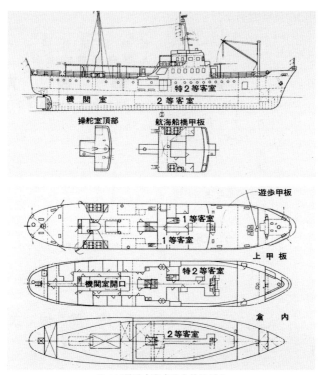

２つは鯨波丸進水記念絵はがき

鯨波丸　両方とも長崎港にて　福田隆一氏撮影

　1968年（昭和43年）5月2日、佐世保～上五島航路に就航する。本船が就航するまでは、「柏丸」「有保丸」で次のようなダイヤで運航されていた。

1966 年 10 月時刻表より

| | 佐世保 | 平 | 小値賀 | 立串 | 榎津 | 有川 | 佐世保 |
|---|---|---|---|---|---|---|---|
| 偶数日 | 7:30発→ | 10:10 | 11:00 | 11:50 | 12:20 | 12:40 | 15:10着 |
| | 13:30発 | → | → | → | 17:40 | 17:50着 | |
| | 11:50着 | ← 8:50 | 7:30発 | | | | |
| 奇数日 | 15:10着 | 12:40 | 11:50 | 10:55 | 10:30 | 10:10 | ←7:30発 |
| | 12:15着 | ← | ← | ← | 7:55 | 7:40発 | |
| | 13:30発 | 16:30→ | 18:00着 | | | | |

　宇久島の「平」、小値賀島、福江島に次ぐ第二の中通島「立串」「榎津」
「有川」（現 新上五島町）の３島５つの寄港地を巡る航路である。２隻
の船で変則なダイヤで運航されていることが分かる。

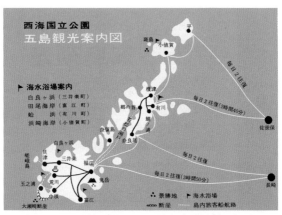

（会社作成パンフレットより）

有保丸　（会社作成リーフレットより）

柏丸　（「九州商船船舶写真帳」より）

本船が就航して「有保丸」と佐世保－五島間を次のダイヤによって運航することになる。

| | 佐世保 | 平 | 小値賀 | 榎津 | 有川 | 佐世保 |
|---|---|---|---|---|---|---|
| 偶数日 | 8:00発→ | 10:50 | 12:00 | 13:30 | 13:50 | 17:00着 |
| 毎日 | | 7:30発→ | 8:10 | 9:20 | 9:40 | 12:20着 |
| 奇数日 | 17:00着 | 14:20 | 13:10 | 11:40 | 11:20 | ←8:00発 |
| 毎日 | | 17:50着 | 17:20 | 16:00 | 15:40 | ←13:00発 |

前頁の時刻表と見比べてみると、立串の寄港をやめたこと、1隻は2つの時刻表とも佐世保を基点として偶数日、奇数日によって反対に廻る、以前の時刻表では2隻目は日替わりで起点を小値賀と有川と変えていたが、新しい時刻表は毎日、宇久島の平が起点になり時刻表がシンプルになった。

「有保丸」に代わって、1971年（昭和46年）5月22日より進栄海運（有限会社　熊本県天草郡）から竣工したばかりのフェリー「おおしお」（195.39総トン　九州商船の印刷物の一部には「フェリーおおしお」、また「おおしお丸」と表記されている資料もある）を用船し佐世保上五島間に投入する。この小さな貨物フェリー同様の（乗客定員30名）カーフェリーが長崎〜五島間のフェリー化の第一歩となる。

おおしお　1973.7.22　佐世保港にて
西口公章氏撮影

それまで本船と僚船だった「有保丸」は不要になり、7月10日より鹿児島の甑島商船に用船される。

これから3年間、この小さなフェリーが「有保丸」に代わって本船の僚船となる。奇数、偶数日で本船と「おおしお」が入れ替わって就航する。フェリーの時刻表だけしか判明してないが載せておく。

フェリー「おおしお」の時刻表

|  | 佐世保 | 有川 | 小値賀 | 平 |
|---|---|---|---|---|
| 偶数日 | 9：00発→ | 12：15着<br>13：40発→ | 15：00着<br>15：30発→ | 16：10着 |
| 奇数日 | 14：35着 | 10：00着<br>←11：20発 | 9：10着<br>←9：30発 | ←8：30発 |

　フェリー化の波は、長崎〜下五島間（長崎〜福江〜奈良尾）にも押し寄せ、同年7月1日新造フェリー「フェリー五島」（1262.58総トン）が就航した。

　1974年（昭和49年）8月10日（11日）から本航路にも「おおしお」に代わり本格的な新造フェリー「フェリー椿」（1,150総トン）が就航し、本船との運航となる。なお、榎津港での車両航送はしていない。右の時刻表は1975年（昭和50年）7月1日改定のもので、旅客船便の奇数日「立串」の一つは榎津の印刷ミスである。

### 佐世保—五島フェリー時刻表

◆ フェリー便

|  | 佐世保 | 有　川 | 榎　津 | 小値賀 | 平 | 佐世保 |
|---|---|---|---|---|---|---|
| 奇数日 | 8.00 | 10.40 | 11.10 | 12.25 | 13.10 | 15.40 |
|  | 佐世保 | 平 | 小値賀 | 榎　津 | 有　川 | 佐世保 |
| 偶数日 | 8.00 | 10.35 | 11.25 | 12.35 | 13.10 | 15.40 |

◆ 旅客船便

|  | 平 | 小値賀 | 立串 | 榎津 | 有川 | 佐世保 | 平 | 小値賀 | 立串 | 立串 | 有川 |
|---|---|---|---|---|---|---|---|---|---|---|---|
| 奇数日 | 7.30 | 8.10 | 8.50 | 9.20 | 9.40 | 12.20<br>13.00 | 15.40 | 16.20 | 17.10 | 17.40 | 18.00 |
|  | 有川 | 榎津 | 立串 | 小値賀 | 平 | 佐世保 | 有川 | 榎津 | 立串 | 小値賀 | 平 |
| 偶数日 | 7.30 | 8.10 | 8.10 | 9.20 | 9.40 | 12.20<br>13.00 | 15.40 | 16.00 | 16.30 | 17.20 | 18.00 |

（注）　① 就航船＝フェリー椿（1150トン）、郵波丸（427トン）。<br>　　　② フェリー便の榎津港は車両の航送はいたしません。<br>　　　③ 盆時期及び年末年始は臨時ダイヤにて運航いたします。

　奇数偶数日で廻り方を逆にし、本船は（愛好家にとっては楽しそうな）複雑な動きをして1日2便を保つダイヤになっている。工夫されたダイヤだとは思うが、日により時刻が違うのは、島の人にとっては日常的で慣れているかもしれないが、やはり複雑に感じる。

フェリー椿（「80年のあゆみ」より）

1978 年（昭和 53 年）12 月 10 日、それまで長崎下五島間で運航していた「フェリー五島」（1,262.58 総トン）が就航し、本航路も 2 隻のフェリーでフェリー化となった。不要になった本船は 1982 年（昭和 57 年）2 月 17 日、九州商船の関連会社、甑島商船（昭和 52 年 3 月設立）に用船され串木野〜甑島航路に就航する。「有保丸」と同様の処置である。

　下の時刻表は甑島航路 1982 年 7 月のものである。高速便は元東海汽船で甑島商船に来た「シーホーク」（215 頁参照）、普通便は「鯨波丸」である。

| | 串木野 | 里 | 中甑 | 平良 | 鹿島 | 長浜 | 手打 |
|---|---|---|---|---|---|---|---|
| 高速便① | 8:15発 | 9:10 | 9:35 | → | 9:55 | 10:15着 | |
| | 11:25着 | ← | ← | ← | ← | ←10:20発 | |
| 高速便② | 11:55発→ | → | → | → | → | → | 13:10着 |
| | 15:20着 | 14:30 | 14:05 | | 13:45 | ← | 13:15発 |
| 普通便 | 12:00着 | 10:30 | 9:45 | 9:30 | 9:00 | 8:20 | ←7:40発 |
| | 13:05発→ | 14:35 | 15:20 | 15:35 | 16:05 | 16:45 | 17:15着 |

上甑島の寄港地「里」「中甑」　　中甑島の寄港地（平良島）　下甑島の寄港地「鹿島」「長浜」「手打」

東海汽船時代のシーホーク
甑島商船に来ても外観は変わっていない（東海汽船パンフレットより）

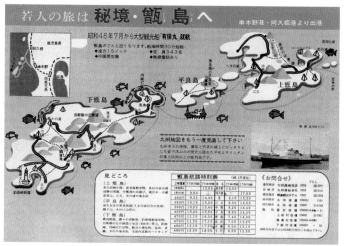

甑島の紹介　（九州商船作成リーフレットより）

　5年後の1987年（昭和62年）5月23日、「フェリーこしき」（645
総トン）の就航により5月6日に九州商船に返船され、長崎県松島に
係船される。翌年の1988年（昭和63年）12月9日、売却される。


### アリババⅠ世となる

　購入したのは、メリル商事（本社東京　資本金1,500万円　従業員
45名）という会社。5億円をかけて（会社の方の話では）“内外装を
ほとんど原型をとどめない程”改装し「アリババⅠ世」と名前を変える。
名前の由来は、アラビアンナイト物語「アリババと40人の盗賊」から
である。

　九州の離島航路に就航していた船が引退後、すぐに華やかなクルー
ズ船に転身したのか疑問を持っていた。それは西口公章氏に送っても
らった新聞記事で解消する。オーナー（メリル商事はグループ会社の
一つ）である経済評論家の方が五島三井楽町出身（現在の五島市）で、
1978年（昭和53年）春、フェリーの代船で走っていた「鯨波丸」に

乗船する。その折に本船が近々引退することを知り、これまで島への唯一の足になってくれた「鯨波丸」を再認識したという。

　改装して約10年後の1989年（平成元年）7月から営業を開始している。主なコースは、①八丈島クルーズ、②伊豆七島など近海クルーズ、③東京湾内クルーズ、④停泊レストランの四つである。10月以降はより暖かい青ヶ島以南と八丈島より南下も視野に入れて、釣りやスキューバダイビングなどもできるようにしている。そのため、テンダーボート2隻やマリーンジェットも載せていた。7月4日付日本経済新聞には、「各種機能を完備した客船は日本では初めて。自分の好きな島へのクルーズのほか、イベントやパーティー、社員研修に利用できる」と書かれている。

　メリル商事とはどんな会社だったのか。それまで社名を聞いたことがなかったのは当然で、新しくクルーズ事業に参入した会社である。会社案内によると、昭和55年10月に設立され広告代理業務、出版及び販売代理業務、情報サービス業に始まり、昭和60年2月からレジャー関連スポーツ用品の販売、コンピュータによるソフトの販売など拡大し、昭和63年9月にマリーン事業部を立ち上げている。

　会社の作ったパンフレットから船の詳細をみてみよう。

要目

総トン数386トン　全長46.51 m
　幅8.1 m　深さ5.45 m
主機　ディーゼル1500馬力　最大速力
　15ノット　航海速力13.5ノット
航行区域　近海区域　旅客定員　近海区
　域40名　限界沿海区域70名　乗組員
　12名

母港は、横須賀市長浦港である。

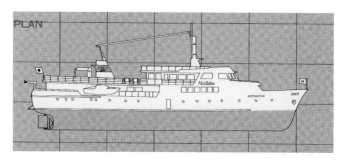

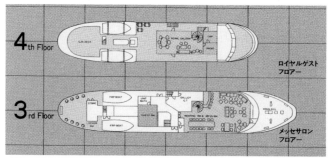

**4**th Floor

ロイヤルゲスト
フロアー

**3**rd Floor

メッセサロン
フロアー

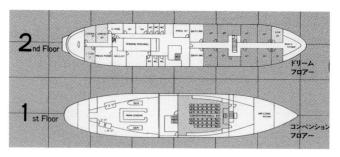

**2**nd Floor

ドリーム
フロアー

**1**st Floor

コンベンション
フロアー

1st フロアー　コンベンションルーム（会議・研修室）　テーブルチェアー 40 席

2nd ドリームフロアー　2〜6人用レギュラーベットルーム 10 部屋（38人）
　バスルーム×2、シャワールーム、トイレは共同。

3rd　メッササロンフロアー　メインダイニングルーム　バーカウンター
　バス、トイレ付ツインルーム 1 室
　　船内の写真（右頁）からも分かる通り、絵画がいたるところに飾ってある。
　メリル商事は、日本橋の高級画廊と提携関係にあった。

4th　フロアー　ロイヤルサロン　サンデッキ　VIP ルーム

*1st floor* コンベンション フロアー

各種のイベントやパーティなどが楽しめる多目的ホールです。洋上セミナーや研修会など会社や団体の集会、また、お得意さまの招待会などにご利用されるよう、使いやすさを基本に設計されています。設備として、テーブルチェア40人分やソファ16脚のほか、各種の視聴覚機器の整備されています。

*2nd floor* ドリーム フロアー

海を見渡せる落ち着いた客室。バス、トイレつきのツインルーム。レギュラーベッドルームとして10部屋（38人）とバスルーム×2、シャワールーム。

CONSTRUCTION

倍満点インテリアで構成されたメイン・ダイニングルーム。すっきりとしたしゃれた雰囲気の中で、ショフ自慢の料理を味わって下さい。またサンセット・クルーズは華やかなパーティタイム。シックなバーカウンターでのカクテルの語りをそえます。夜のひとばりとともに語らいとロマンが果てしなく広がります。　＊ゲストルーム

*3rd floor* メッセサロン フロアー

*4th floor* ロイヤルサロン フロアー

船窓を通してひろがるすてきな海の風景と豪華なインテリアの中でムーディーな気分にひたりながら、クルーズをお楽しみ下さい。ゆったりしたソファでくつろぐとき、そこには選ばれたものだけが知るやすらぎと落ち着きが広がります。

両方とも小林義秀氏撮影　西口公章氏提供

本船は、会員制の多目的レジャー客船、一般クルーズ船とは違い、アリババ・マリーンオーナーズクラブと称した個人及び法人の限定会員のメンバー制の船である。

　会員権の販売価格は次のようになっていた。団体は50団体、個人は100名を募集していた。

|  |  | 入会金 | 保証金 | 合計 |
|---|---|---|---|---|
| 法人会員権　第1次募集 | | ５００万円 | １００万円 | ６００万円 |
| | 第2次募集 | ６５０万円 | １５０万円 | ８００万円 |
| 個人会員権　第1次募集 | | ２５０万円 | ５０万円 | ３００万円 |
| | 第2次募集 | ３２０万円 | ８０万円 | ４００万円 |

法人会員は1回につき20名まで乗船申し込みができ、入会の日から10年間有効
個人会員は1回につき3名までのビジターを同伴のうえ乗船申し込みができ、入会の日から10年間有効。

　また、全船チャーターにも応じていて、チャーター料は約40人で1日当たり100万円、飲食代付き、レジャー用品の貸し出しも無料。後述するように、一般募集のクルーズも実施していた。

　就航して2か月後の9月9日には、東京から五島列島の三井楽港に回航し"里帰り"を果たし、島民に披露している。ちなみに船長は高知県室戸の出身の方だった。

「Viaje」1990年2月号「全国レストランシップ12選」という広告に本船が載っている。

　　1～3月はパーティー船です

　　多目的レジャー船のクルーザー、季節によって、八丈島クルーズや伊豆七島など近海クルーズで人気を博しているが、この期間は、東京湾内で、パーティークルーズ船として活躍。全船チャーターのみの利用なので、グループで。

　　コース例＆時間　晴海ふ頭～東京ディズニーランド沖～中高防波堤沖～羽田国際空港沖～晴海ふ頭（その他、横浜発着コース、晴海⇔横浜もあり）2時間30分

　　料金　デイクルーズ＝40人、50万円より（1名追加ごとに12,500円

　　　　加算、70 人まで）

　　ディナークルーズ＝ 40 人、62 万円より（1 人につき 15,500 円加算）

　　横浜停泊ディナーパーティー＝ 30 人、405,000 円より（1 人につき
　　13,500 円加算）

　　メモ　牛ヒレローストビーフや伊勢海老のトマトソース煮など、料理は
豪華版。ドリンクもたっぷり。なお、2 月 1 日〜 16 日は、ドック入りの
ため休航。

　1 年後の「Viaje」1991 年 2 月号「全国レストランシップ 16 選」に
も載っている。

　本船のオーナーになると、クラス会、新年会、謝恩会、ディスコ大会、
バースデー、ウエディングなど幅広い用途で使用できる。料金は「3
時間以内、50 万円（70 名まで）＋料理＆フリードリンク 1 名 9,500 円〜」
となっている。

　さらに、「一般募集のデートクルーズもあるので、いつでも要チェッ
クを」とメモが書かれている。

　バブル経済と言われた時期（多少説によって違うが 1985 年〜 1991
年）で、まさしく本船「アリババⅠ世」が活躍し始めたころであった。
"一般募集"もあると書かれているので会員やチャーター運航以外に個
人申し込みのクルーズも企画している。料金は 1 泊 2 日 5 万 5,000 円
より 3 泊 4 日 9 万 5,000 円までとなっている。会員制だけでは運航は
維持できず個人にも広げたのだろう。

　しかし、さまざまな営業努力にもかかわらず、本船の活躍は約 3 年
間で終わってしまう。就航 4 年目からは伊万里に係船される。1999 年

（平成 11 年）には所有者がメルリ商事から関連会社の「産業と経済社」に変わる。2005 年（平成 17 年）には「アリババ I 世」の船名が消され、2007 年（平成 19 年）からは伊万里の「有限会社はる大」に売却される。2009 年（平成 21 年）には登録抹消となっている。主に西口公章氏調べである。

伊万里　1994年3月31日
関祐一氏撮影

船名など消去　2005年2月16日
岩瀬玄海氏撮影

## 本船にかかわった船たち

### 《楓丸》

九州商船が所有した客船（貨客船）の中では最大船であった。バランスの取れた美しい船体で、フェリーの臨時便として動いたときに一度だけ乗船した。

三菱造船下関造船所で 1957 年（昭和 32 年）7 月 12 日起工、9 月 27 日進水、11 月 26 日に竣工している。この当時の客船としては他には見られない美しさを感じた。

要目は次のとおりである。

総トン数 606.34 トン　全長 57.357 m（51.5 m）幅 8.75 m　深さ 4.10 m

ディーゼル機関 1 基 1 軸 1,500 馬力　最高速力 15.58 ノット　航海速力 14.0 ノット

旅客定員　特別室 8 名　特別 2 等室 51 名　2 等室 135 名　3 等室 251 名　乗組員 28 名

磁気羅針儀と舵角指示器（セルシン式）を装備している。「80 年の

あゆみ」には、「『フェリー五島』が登場するまで、長崎五島航路の花形として活躍」と評させている。

楓丸　両方とも長崎港　福田隆一氏撮影

　1974年（昭和49年）予備船となり、1979年（昭和54年）フィリピンのレガスピ・ナヴィゲーション社に売却され、「レガスピ」（Legaspi）と改名されている。（1980年6月売却となっている資料もある）


《有保丸》
　この船名の由来は、有川の「有」と佐世保の「保」からではないだろうか。佐世保上五島間航路の初の新造船で特定船舶整備公団との共有船である。
　三菱造船下関造船所で1962年（昭和37年）4月10日起工、5月23日進水、7月19日に竣工している。要目は次のとおり。

総トン数402.40トン　全長46.60m
　幅8.20m　深さ3.35m
ディーゼル機関1基1軸1,500馬力
　最高速力15.1ノット　航海速力14.0
　ノット
旅客定員　343名　乗組員20名

有保丸　（雑誌「船舶」より）

1962年（昭和37年）7月25日　佐世保～上五島航路に就航
1971年（昭和46年）串木野～甑島航路に就航
1977年（昭和52年）5月1日　甑島商船に航路権譲渡にともない

同社に用船

1982年（昭和57年）2月17日まで飯島商船に用船される。

　　　　10月　Vela Naviera S.A., Panama に売却「DON MARTIN SR.」と改名


《柏丸》

　田熊造船（現内海造船）で1965年（昭和40年）10月21日起工、翌1966年（昭和41年）2月7日進水、3月24日に竣工している。船舶整備公団との共有船である。要目は次のとおり。

　　総トン数549.43トン　全長51.85 m
　　　幅8.10 m　深さ3.35 m
　　ディーゼル機関1基1軸1,550馬力
　　最高速力16.028ノット　航海速力14.5
　　　ノット
　　旅客定員350名　乗組員19名

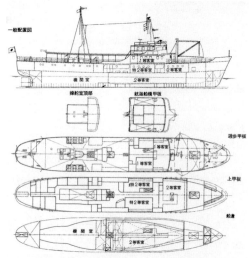

上2つは進水記念絵はがき　九州商船提供

柏丸 （雑誌「船の科学」より）

柏丸

　九州商船では初めて煙突が当時流行っていたマスト型になって、「鯨波丸」もそれに続く。

　長崎下五島、佐世保上五島航路に就航し、1975 年（昭和 50 年）1 月飯島商船に貸船され、串木野飯島航路に就航する。

　1980 年（昭和 55 年）6 月 18 日長崎の清水商会に売却される。この清水商会は、フィリピンへの中古船舶を販売する会社である。

　同年 12 月　Lorenzo Shipping、Philippenes に売却「JOJI」と改名

　1983 年（昭和 58 年）「LADY RUTH」と改名

JOJI　1980.12　長崎港にて
坂本勲氏撮影　西口公章氏提供

《おおしお》

　日本船名録には「おおしお」、日本船舶明細書には「おおしお丸」、九州商船の印刷物の一部には「フェリーおおしお」となっている。

　進栄海運所有　九州商船用船

　篠崎造船鉄工（三角）で 1971 年（昭和 46 年）2 月起工、4 月進水、5 月に竣工している。要目は次のとおり。

　総トン数 195.39 トン　全長 39.70 m　幅 8.00 m　深さ 5.00 m

　ディーゼル機関 750 馬力　最高速力 11.7 ノット　航海速力 1 1..5 ノット

　旅客定員 30 名　乗組員 6 名

　佐世保〜上五島航路に就航後、飯島商船の串木野〜飯島航路に就航

1981 年（昭和 56 年）頃、久米島
海運合資（沖縄　具志川　那覇〜組
島航路　244 総トンに増トン）に売却
される。

1982 年（昭和 57 年）売却しよう
としたができず、同年 12 月本部造船
（沖縄　本部町）で解体。

甑島商船用船中のおおしま　1976.8.1
串木野港にて　西口公章氏撮影

　　　以上、西口公章氏と久米商船調べ


《フェリー椿》　　九州商船所有

　内海造船田熊工場で 1974 年(昭和 49 年)1 月 11 日起工、4 月 19 進水、
7 月 30 日に竣工している。船舶整備公団との共有船である。要目は次
のとおり。

　　総トン数 1150.89 トン　全長 68.62 m
　　　　幅 13.00 m　深さ 4.60 m
　　ディーゼル機関 1 基 2 軸 4,200 馬力
　　　　最高速力 17.311 ノット　航海速力
　　　　15.4 ノット
　　旅客定員 500 名（1 等 49 名、特 2 等
　　　　201 名、2 等 250 名）のち 550 名、
　　　　600 名と増加　乗組員 35 名　8 トントラック 6 台　乗用車 20 台

九州商船提供

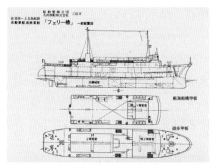
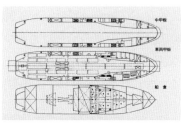

前頁と上２つはフェリー椿進水記念絵はがき

　佐世保〜上五島間に就航する。この航路初の本格的なカーフェリー
であった。建造に当たっては騒音、振動に配慮し、東シナ海の天候条
件や各港の港湾事情も考慮したという。2003 年（平成 15 年）３月、
飯島商船「フェリーこしき」（645 総トン）が「フェリーなるしお」と
改名して就航し、本船は引退。ネットの情報によると、フィリピンの
STARLITE FERRY に売却され、「Starlite Voyager」と名前を変え、バ
タンガス（ルソン島）〜カラパン（ミンドロ島）航路に就航したという。


《シーホーク》　　東海汽船→飯島商船
　三菱重工業下関造船所で東海汽船の船として 1976 年（昭和 51 年）
９月 21 日起工、翌 1977 年（昭和 52 年）１月 27 日進水、４月 18 日
に竣工している。東海汽船と船舶整備公団との共有船。要目は次のと
おり。

　総トン数 388.15 トン　全長 45.00 m　幅 7.80 m　深さ 3.90 m
　ディーゼル機関２基２軸 2,205 馬力　最高速力 30.18 ノット　航海速力 26.5
　　ノット
　旅客定員 290 名　乗組員　５名

　当時わが国最大の軽合金製大型高速艇で、世界でも最大級。外洋を
航行する初の商業用高速艇である。『海に陸にそして宇宙へ　続三菱重

工社史』には「シーホーク」の説明に"長年培った軽合金魚雷技術に基づく"と記されている。

　5月1日熱海・稲取～大島航路に就航すると、東京から熱海まで新幹線、本船を使って2時間余りで大島に着くという画期的な航路となり、東京～大島航路の2倍の旅客数となって大島への中心の航路となる。これは空路に対抗する措置であった。

シーホーク　東海汽船竣工絵はがき

　時を待たずして、より大型の「シーホーク2」（519.94総トン）が導入される。そのため本船は1980年（昭和55年）5月、甑島商船に売却される。同年6月19日、串木野～甑島航路に就航する。塗装や鷹のマーク、船名表示まで東海汽船時代と同じであった。

　1990年（平成2年）新しい「シーホーク」（304総トン）が3月9日から就航し「シーホーク3」と改名される。同年、Seatran Travel Co.Ltd.、Bangkok、Thauland に売却され、「SEATRAN EXPRESS」と改名

《フェリーこしき》　甑島商船所有

　神田造船で1986年（昭和61年）12月23日起工、翌1987年(昭和62年)3月3日進水、5月11日に竣工している。船舶整備公団との共有船である。

フェリーこしき　就航記念絵はがき

要目は次のとおり。

　総トン数 645 トン　全長 59.50 m
　　幅 12.60 m　深さ 4.30 m
　ディーゼル機関 2 軸 1,900 × 2 馬力
　　最高速力 16.426 ノット　航海
　速力 15.2 ノット
　旅客定員 400 名　乗組員 13 名

フェリーなるしお　2008.7.12　佐世保
露崎英彦氏撮影　西口公章氏提供

1987 年 5 月 23 日　飯島就航

2002 年 11 月　九州商船に売船

2003 年 3 月 1 日「フェリーなるしお」と改名　佐世保～上五島間に
　就航

2019 年 5 月「いのり」（1,387 総トン）就航にともない引退

係船中のフェリーなるしお　2019.5.14　　2019.6.20　いずれも長崎港　西口公章氏撮影

　九商 500 トン型 4 隻は魅力的な船隊であった。走る姿が船らしく美
しかった。住民の拠り所になってくれた「鯨波丸」に思いを寄せ、クルー
ズ船に仕立てた経営者の意気込みは理解できる。まさにクルーズ時代
の幕開けでもあった。「九州商船 80 年のあゆみ」という立派な社史が
あるが、それに加えて 4 隻をはじめとする九州商船の船たちの足跡は
書きたいと思っていた。4 隻とも何とかカラー写真を載せられたので
安どしている。

## コーラル・ホワイト
## m.s CORAL WHITE の軌跡
### −神戸商船大練習船からの転身−

m.s CORAL WHITE

ROMANTIC SEA……REST, FUN!

| | |
|---|---|
| 総トン数 | 352t |
| 全長 | 41.50m |
| 航海速力 | 12ノット |
| 旅客定員 | 85名 |
| ベッド数 | 40名 |
| 船舶電話 | ☎04502(4)4603 |

　「アリババⅠ世」と同様小型のクルーズ船で、以前から気にはなっていたので今回テーマの一つに加える。「コーラル・ホワイト」が元神戸商船大学の練習船「深江丸」であること、北方四島のビザなし渡航、墓参で活躍した船であることは知っていた。小さなパンフレットは所有していたが、これ以外に資料はなかったので果たして最後までいけるかどうか自信がなかった。まずは、神戸商船大学（現神戸大学海事科学部）の練習船時代と歴代の練習船を振り返ってみる。

### 深江丸の時代
　三代目の「深江丸」（従来は戦前の深江丸を汽艇深江丸（頁表の左端）とし戦後の深江丸から数え本船は二代目としていたが、現在は戦前の深江丸を初代として数え三代目とする）として 1968 年（昭和 43 年）に竣工している。要目は次のとおりである。
　起工 1967 年 10 月 3 日　進水 1968 年 2 月 28 日　竣工 3 月 31 日　三保造船

建造
総トン数 361.71 トン　全長 41.50 m
　　幅 7.80 m　深さ 4.10 m
主機関　ディーゼル 750 馬力 1 基
　　最高速力 12.174 ノット　航海速力
　　10.75 ノット
主要設備　指導船橋　バウスラスター
士官 4 名　属員 10 名　技官 4 名
学生 48 名　計 66 名

深江丸　（「海事博物館企画展目録」2022より）
村井正氏提供

　他船にはないものとして、練習船らしく指導船橋が備わっている。写真を見てもわかる通り、船橋の上にもう一つ船橋らしきものが見える。「神戸大学海事科学部紀要」には次のように書かれている。

　先代深江丸の活躍と実績、経験等をふまえ、将来の技術進歩に対応すべく最新の自動化設備と画期的な実習・教育・実験・研究設備を備えた練習船として就航した。学内外の学生や教官・研究者他、様々な研究分野を対象に持ちうる能力を発揮し、附属練習船として永らく時代の要請に応え続けた。

　また上記目録には、「少人数で運航される自動化船のモデル（中略）船橋部には操船に必要な機器を航海コンソールとして集約した他、機関制御機能も全て集中させたのが大きな特徴（中略）外洋にも出る必要があることから、国の基準が変更され、就航期間中に実習船から練習船に昇格」と書かれている。

　1973 年（昭和 48 年）5 月、実習船から練習船に昇格する。たくさんの船員を育てたのち 1987 年（昭和 62 年）10 月、老朽化のため四代目「深江丸」にバトンを譲り、その役目を終える。

　ここで神戸商船大学の練習船（二代、三代は実習船とも呼ばれた時期がある）、歴代「深江丸」をまとめておくと次の表のようになる。

　要目は上から順に、総トン数、全長・幅・喫水（m）、主機関馬力・

航海速力、進水日、造船所、である。

| 初代 | 二代目 | 四代目 |
|---|---|---|
| 30.79 | 150.86 | 449.00 |
| | 31.83・6.40・2.50 | 49.95・10.00・3.20 |
| 142馬力9.5ノット | 450馬力10ノット | 1,500馬力12ノット |
| 1927年1月23日 | 1958年2月6日 | 1987年4月14日 |
| 三原造船所（大阪） | 林兼造船（下関） | 三井造船（玉野） |

（写真は海事博物館作成ちらし・目録より）

　現在は2022年（令和4年）3月に竣工した「海神丸」（892総トン）が練習船として活動している。

## コーラル・ホワイト（CORAL WHITE）の時代

　株式会社マリン・アドベンチャー（所有者はイースタンシッピング）に売却される。この会社は1987年（昭和62年）12月5日、貨物船を運航する新和海運（現NSユナイテッド海運）と東京検査工事などが4,000万円を出資して作ったものである。のちに新和海運から独立する。同じ年の12月23日には同様に、貨物船運航会社の昭和海運が客船を運航する会社オセアニック・クルーズを設立する。

　この頃、商船三井新客船の船名募集（ふじ丸）も行われていて、客船クルーズブーム到来の機運が高まった年である。本船は日立造船向島工場で2か月かけて改装され「コーラル・ホワイト」と改名し、スキューバー・ダイビング・クルーザとして運航される計画。改装費も含めた船価は6,000万円で、翌年の1988年（昭和63年）3月から伊豆七島や南西諸島などのクルーズに就航する。まさにバブル経済真っただ中の時だった。

「深江丸」時代の指導船橋は外され、ファンネルマークがコンパスからイルカになり、要目は若干変わっている。

　総トン数352.6トン　※他の要目は「深江丸」時代と同じ

　最高速力12.0ノット　航海速力10.7ノット

　収容定員85名　乗組員6名(コック2名含む)(乗組員　職員4名　部員3名)

2枚とも1989年12月1日　横浜港にて　長村正昭氏撮影　西口公章氏提供

　パンフレットはB5判三つ折のもので、表紙には「ちょっとナマイキな可愛い汽船です！　気分三昧」とのフレーズが躍る。また次のようにも書かれている。

　　"集束力""気分""変化"は本船の特徴です。「私流の使い方」で素晴しい
　　プランを発想し、コーラルホワイトをご活用ください。
　　★インセンティブ・SP・PR　得意先接待にも大変効果的です
　　★メディア型クルーズ　TV・ラジオ・雑誌　etc.
　　★リラックス（気分）クルーズ　読書もよし、日光浴もよし、飲むもよし
　　　…の気分です。
　　★パーティー型クルーズ　フォーマルで、カジュアルで仲間と一緒に…。
　　★祭りごとクルーズ　記念行事、ブライダル＆パーティーに…。
　　★スポーツクルーズ　マリンスポーツのレジャー基地として…。
　　★クローズド型クルーズ　研修、教育、交流、各種団体、会社…。

　集束力という聞きなれない言葉は収束力だろうか。"集束力""気分"
"変化"が本船の特徴とは？　3つの言葉を並べても、もう一つ意味がはっきりわからないが、それがかえって印象に残る。

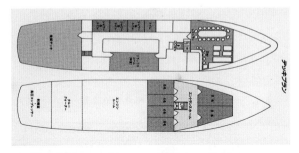

トップデッキ

レストラン&バー　35名

後部デッキ　85名

リラックスルーム

　デッキプランを見るとベットルームは6室あり、定員8名×4室、
定員4名×2室で、合わせて40名を収容できる。
　その上のデッキにはレストラン&バーと和室のリラックスルーム、
それにシャワー・トイレが3か所、トイレ1か所がある。装備品とし
て、レジャーボート2隻、吸気充填システム、減圧タンク、潜水機材、
水上スキーなどがある。海洋レジャー専用クルーザーと称していた。
　この写真を見てもわかるように、「アリババⅠ世」とは違ったコンセ
プトで、本船は豪華を売り物にするクルーズ客船とは一線を画した魅

力をウリにしていた。豪華ではなく大きさも適したのか、北方ビザなし渡航、北方領土墓参の使用船となり、それまで知られていなかった船名がマスコミに度々登場するようになる。また、チャーター専門のパーティークルーズ船として主に東京湾に就航していた。晴海ふ頭発着で一人あたりの料金としては次のようになっていた。

| 乗船人数 | 50名 | 60名 | 70名 | 80名 |
|---|---|---|---|---|
| 料金 | 13,000円 | 11,700円 | 10,700円 | 10,000円 |

　1988年（昭和63年）10月27日には出身地の神戸に帰り、翌日一般公開を行っている。また翌年の1989年（平成元年）には、神戸のコーポ観光主催で瀬戸大橋クルーズ（船内1泊）が3回計画され募集されている。

　期日　①6月13日（火）〜14日（水）　②15日（木）〜16日（金）
③17日（土）〜18日（日）

　下のチラシによると行程は次のようになっている。

| 1日目 | 19：00神戸港ポートターミナル集合、夕食、食後リラックスルーム、バー、デッキから夜景など |
|---|---|
| 2日目 | 8：30坂出港着、ゴールドタワー朝食等　10：00出港　瀬戸大橋、島々　19：00頃神戸港着 |

　　食事は1日目夕食から2日昼食まで用意

　特筆すべきは夕食で、コースメニューとなっている。本船は厨房をもっているので、なせる業であった。なお、瀬戸大

（「Viaje」1990年5月号より）

（コーポ観光のチラシより）
村井正氏提供

橋は前年の1988年に竣工し、当時観光の目玉となっていて橋見物の船が数多くクルーズを行っていた。

「ラメール」1992年11・12月号、小林義秀氏の「深江丸➡コーラル・ホワイト　かつての練習船は北方領土の掛け橋となって北の海を走る」から長くなるが引用させていただく。

　再就航以来、東京湾や瀬戸内海を中心としたミニクルーズを行って来たが、今年（筆者注1992年（平成4年））に入って新たな動きを見せた。四月から始まった北方領土へのビザなし渡航の足として、本船が選ばれたのである。このビザなし渡航はかつて北方領土に住んでいた人やマスコミ関係者に限って許可されたものである。

　北方領土にはあまり大きな港はなく港湾設備も整っていないため、小回りの効かない大型客船を使用するのには適していない。本船が選ばれた理由は宿泊、自炊機能を持っている上に、そのコンパクトさが買われたのだそうだ。

　五月に緊急援助物資の輸送を行ったのを皮切りに、六月に二航海、七月に三航海を行い、九月までに七航海をこなした。

ビザなし渡航（交流）での本船での乗船とはどんなものだったのだろうか。

ノンフィクション作家の上坂冬子氏は、平成14年度2回目の日本側ビザなし交流に参加。2002年6月21日、根室港を出港している。この季節は海が一番穏やかと聞かされていたというが、出港した途端大揺れで、国後島まで4時間半かかっている。本船は港に着けず、艀に乗り移って上陸する。船室は二段ベッドの他に着替えができるスペースがあるだけのもので、「カレーライスの夕食が済むとあとはベッドに横たわるしか身の置き所がない」（「北方領土」上陸記より）と書かれている。また本船の印象を"こじんまり"と表現されている。豪華客船でのクルーズとは似ても似つかないものであり、過酷な船旅であった。

ビザなし交流の説明を内閣府の HP より引用してみると、

北方領土問題解決のために環境
整備を目的として、北方四島交流
（いわゆる「ビザなし交流」）の実
施を支援し、日本国民と北方四島
在住ロシア人との相互理解の増進
を図っています。

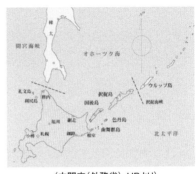

日本国民と北方四島在住ロシア
人が相互に訪問し、ホームビジッ
ト、文化交流会、意見交換会等を
通じて、相互の理解と友好を深め、

ロシア人住民の北方領土問題に対する理解を促すとともに、日本に対する
信頼感の醸成が図られています。平成 4 年度に事業が開始されてから、こ
れまで日本側と四島側双方合わせて、のべ 16,393 人（平成 22 年 3 月 31
日現在）の人が交流を深めています。

この事業の対象者は、北方領土に居住していた者、その子供及び孫並び
にその配偶者、北方領土返還要求運動関係者、報道関係者、訪問の目的に
資する活動を行う学術、文化、社会等の各分野の専門家等となっています。

この間、西口公章氏の調べによると、本船は所有者が転々とする。
1994 年（平成 6 年）東京の富洋海運、1999 年（平成 11 年）同じく東
京のイースタンシッピング、2002 年（平成 14 年）静岡のブリジスト
ン汽船の所有となる。その間はマリン・アドベンチャーが裸用船をし
ている。

後にフィリピンに売却され、「MV Ever Queen of Pacific」と改名する。
写真のようにかなりの改造が施さ
れている。

同じ内閣府の HP「北方領土墓
参実施状況」に、昭和 39 年から
実施された使用船名がすべて載っ
ている。その中で、本船が墓参で

MV Ever Queen of Pacific 　三上俊彦氏撮影

使用された前後の年は次のとおりである。

| 年度 | 島名 | 実施期間 | 参加者数 | 使用船舶名 |
|---|---|---|---|---|
| 平成7年 | 択捉、国後、多楽、色丹 | 8月13日～29日 | 3班192人 | 北斗丸・本船 |
| 平成8年 | 国後、択捉、志発、色丹、勇留 | 8月25日～9月1日 | 4班193人 | 耕洋丸・コーラル・ピース |
| 平成9年 | 択捉、色丹、志発、国後、水晶 | 8月25日～9月3日 | 4班184人 | 〃 |
| 平成10年 | 択捉、色丹、志発、多楽、国後 | 8月17日～31日 | 3班179人 | 本船・ロサルゴサ |

　「北斗丸」は旧運輸省の航海練習船、「耕洋丸」は水産大学校（下関）の練習船、「コーラル・ピース」は本船の姉妹船、「ロサ・ルゴサ」（ハマナスの意 480トン 1996年4月石田造船にて改造）は元島根県立沖水産高校の漁業実習船「神海丸」である。

　なお姉妹船「コーラル・ピース」に触れると、次のことが分かっている。元山口県周防大島にある国立大島商船専門学校（現在は独立行政法人に移行）の練習船であった。所有者は同じくイースタンシッピングで、運航者はマリン・アドベンチャーである。要目は次のとおり。

　　起工 1968年10月　進水 1969年1月23日　竣工同年3月11日　三保造船
　　所清水建造
　　総トン数　329.64トン（大島丸は
　　327.97トン）　全長 41.50 m
　　幅 7.80 m　深さ 4.10 m
　　主機関　ディーゼル 700馬力1基
　　最高速力 12.20ノット　航海速力
　　11.25ノット
　　定員 65名

（「大島商船高等専門学校120周年記念誌」より）

高専昇格にともない、初代「大島丸」（56.96総トン 1957年建造）の代船を建造すべく、1968年（昭和43年）3月に練習船建造委員会が校内で発足した。起工は他の4校よりも1年早かったという。翌年3月、二代目「大島丸」として就航する。航海学科、機関学科（のち商船学

科）の学生たちを乗せ、年に何回も航海実習（2泊3日など）に出る。行先は坂出、高松、神戸、大分・宇和島、関門・大分、道・大三島など主に瀬戸内海であった。夏休みを利用して研究航海として1週間をかけて沖縄や種子島にも航海した。1993年（平成5年）12月6日、三代目「大島丸」が竣工し、その道を譲る。そのあと売却され、1996年（平成8年）に改造されている。その後、上記の表のような活躍をし、2008年版（平成20年）の日本船舶明細書を最後に削除されている。

　今まで実習船の改造などでビザなし渡航や墓参、さまざまな政府の外交交渉で北方領土問題を解決しようとしてきた努力はどうなるだろう。これらの船を引き継いだマリン・アドベンチャー運航の「えとぴりか」（1,124総トン）の再び活躍する日が早く来てほしい。

神戸港のえとぴりか　2023年10月　滋野宜永氏撮影

参考文献
瀬戸内海汽船（株）55年史　瀬戸内海汽船　平成13年12月
雑誌 Viaje　各号
雑誌 CRUISE　各号
九州商船船舶写真帳　九州商船親和会　昭和53年12月
80年のあゆみ　九州商船　平成3年12月
海に陸にそして宇宙へ 続三菱重工業社史　1990年4月
雑誌船の科学　各号　船舶技術協会
雑誌世界の艦船　各号　海人社
雑誌ラメール　各号
日本船舶明細書　各年号
大島商船高等専門学校120周年記念誌
「北方領土」上陸記　上坂冬子著　文藝春秋　2003年10月

## あとがき

　消えた航跡という書名で本を出して5冊目になります。4冊までに取り上げた船は、数えてみると軽く100隻を超えていました。ほとんど青春時代に気になっていた船たちです。ドラマでよく「回収」という言葉が使われますが、まさしく「青春の回収」です。あの船は、どんな船だったか、そしてどうなったか、もっと知りたい。加えて会社の全貌はどんなものだったろうか。調査し書くことは、その答えを見つける作業ということに気がつきました。

　この本は「4」までとは違い、戦争に関係した船が主役として多く出てきます。今回初めて舞鶴に行ってきました。引揚者たちの目に真っ先に入った祖国の舞鶴湾はどんなに写っただろう？　同じ景色を見ながら、当時のことや今の時代を考えました。戦争のニュースが毎日報道される昨今、私も学び続けたいと思っています。とりわけ若い人には、戦争を深くとらえ考えていってほしいと思っています。

　夜間フェリーに久しぶりに乗りました。以前は、関西汽船の客船や大阪高知特急フェリー、阪神〜九州間のフェリーなどよく乗船しました。鉄道や飛行機とは雰囲気の違った夜景や波の音。より自分に向き合える時間だと思いました。船キチになってよかった、とつくづく感じます。趣味は高揚感や安心感、さまざまな感情を与えてくれます。仕事をしていた時はフネに何度か救われました。周囲に友だちは少ないですが、退職後船キチの友だちは増えました。付き合ってくださる船友は有り難いと思っています。

本を作り終わるといつも安堵感が生まれます。同時に不安感にもおそわれます。まだまだ追究しきれてない面がありますが、読者の皆様のささやかな楽しみや刺激になることを願っています。

　今回の出版にあたってもたくさんの方々にお世話になりました。関係資料を送ってくださった経営者の方々、資料はないと申し訳なさそうにお電話を頂いた会社や役所の方々、黙って資料を送ってくれた船キチの先輩後輩。港まで迎えに来てくれ私の要望に沿って車を走らせてくれた友。原稿を寄せてくれた林さん、村井さん。それに今回も各地方の図書館のリファレンス係の方々には期待以上の回答を頂き感謝しています。

　皆さんのご協力があったからこそより深いものになったのではと思っています。また今回も題字は高野奇峭先生にお頼みしました。
　最後に構成や校正、写真の位置決めなど南の風社の細迫節夫さんをはじめ社員の皆様には今回もまた大変お世話になりました。ありがとうございました。

お世話になった方や団体
牛見真博さん、岸田徹也さん、木津重俊さん、熊中康人さん、鴻上大輔さん、佐藤圭一さん、滋野宜永さん、島本雄一郎さん、栖原信裕さん、西口公章さん、林彦蔵さん、福冨廉さん、藤木洋一さん、藤本敏男さん、三上俊彦さん、村井正さん
大阪中央図書館、大島商船高等専門学校、オーテピア、海上保安庁、香川県立図書館、九州商船、共正海運、久米商船、呉中央図書館、神戸華僑歴史博物館、甑島商船、戦没した船と海員の資料館、高松市立図書館、鉄道博物館、徳島県立図書館、内閣府、広島県立図書館、舞鶴東図書館、舞鶴引揚記念館、三原市教育委員会、三原歴史民俗資料館

**8社の客船たちの活躍と終焉**

# 消えた航跡 5

発行日：2024年4月2日

著　者：小松健一郎

発行所：(株)南の風社

　　　　〒780-8040　　高知市神田東赤坂2607-72

　　　　Tel 088-834-1488　　Fax 088-834-5783

　　　　E-mail edit@minaminokaze.co.jp

　　　　https://www.minaminokaze.co.jp

徳島市中洲町3丁目1番地

# 共正海運株式会社

郵便番号 770

電話徳島(0886)53-7131(代)

年 11月 日

| 第1号様式 使用船舶明細書 | | | |
|---|---|---|---|
| 名　称 | 仕　甲 | 備　考 | |
| 船　名 | 乙女丸 | | |
| 船舶の種類 | 貨客 | | |
| 材質 | 鋼 | | |
| 進水年月 | 昭和26年2月 | | |
| 船舶所有者名 | 共正海運株式会社 | | |
| 総トン数 | 347.0トン | | |
| 旅客定員 | 1等 52名 2室<br>2等 96名 1室 | | |
| 主機の種類 | ディーゼル式 | | |
| 連続最大出力 | 670馬力 | | |
| 船舶速力 | 9節5 | | |
| | 三菱造船所に於て建造 | | |
| 備　考 | | | |

共正海運　乙女丸使用船舶明細書と封筒の社名

インランドシー　（パンフレットより）

アリババ１世　（雑誌「viaje」より）

コーラルホワイト　長村正昭氏撮影